Florian A. Gebler

Wenn der Tod anklopft

sieht man die Sterne in der Nacht

Florian A. Gebler

Wenn der Tod anklopft sieht man die Sterne in der Nacht

Reflexionen über Leben und Sterben

Quellwasser Verlag

Bibliografische Information der Deutschen Nationalbibliothek:
Die Deutsche Nationalbibliothek verzeichnet diese Publikation in der Deutschen Nationalbibliografie; detaillierte bibliografische Daten sind im Internet über http://dnb.dnb.de abrufbar.

Satz und Gestaltung: Florian A. Gebler
Coverbild: shutterstock, ID: 1237579327, C. Luangrangwech
Druck: Libri Plureos GmbH, Friedensallee 273, 22763 Hamburg

ISBN: 978-3-939641-04-9

Inhalt

Obwohl die Physikalität des Todes
den Menschen zerstört,
rettet ihn die Idee des Todes.
(I. Yalom)

Einleitung

Im Alter von 45 Jahren klopfte der Tod an meine Tür. Ein paar Tage nach einer Routineuntersuchung erhielt ich einen Anruf von meiner Hausärztin, und sie konfrontierte mich sofort mit der Nachricht: „Sie haben ein Plasmozytom!“ Ich hatte keine Ahnung, was das bedeutete, doch in ihren Worten schwang etwas Beängstigendes mit. Ihre kurze Erklärung klang für mich sehr nach Krebs, ohne dass dieses Wort ausgesprochen wurde. Nach dem Gespräch war ich aufgewühlt und unsicher – was die Diagnose bedeutete, blieb in der Schwebe. Ich zögerte, Google zu bemühen, denn bei Krankheitsfragen ist das Internet selten ein guter Ratgeber. Doch trotz meiner Zweifel war mein Wissensdrang stärker. Ich überflog ein paar Einträge und stellte fest, dass Plasmozytom und Multiples Myelom teilweise synonym verwendet werden.

Als ich auf einen Eintrag stieß, in dem die durchschnittliche Lebenserwartung beim Multiplen Myelom mit 3-5 Jahren nach Diagnosestellung angegeben wurde, brach ich meine Recherche ab. Ich war geschockt.

Die Diagnose kam jedoch nicht völlig aus dem Nichts. Zum einen hatte ich schon seit Monaten und teilweise seit Jahren deutliche körperliche Beschwerden. Wechselnde Gelenkbeschwerden, die so stark waren, dass ich mich auf Gicht und Rheuma untersuchen ließ, blieben ohne Befund. Und ich war oft abgeschlagen, energielos und mit wenig Motivation, sodass ich mich schon lange Zeit sehr überwinden musste, abends noch ein Buch zu lesen. Doch erstaunlicherweise hatte ich mich mit meinen Beschwerden arrangiert. Ich hielt sie für normal, hatte Erklärungen an der Hand wie zu wenig Schlaf aufgrund der Kinder, mein zunehmendes Alter oder eine Borreliose-Diagnose (die ich in Ermangelung anderer Erklärungen aufgrund meiner Gelenkschmerzen und einem positiven Testergebnis erhalten hatte). Im Licht der Diagnose gewannen einige dieser Symptome eine völlig neue Bedeutung. Vielleicht hätte ich meine Beschwerden früher wirklich ernst nehmen sollen.

Doch es gab noch etwas – eine düstere Voraussagung aus meiner Kindheit, die nun Gestalt annahm. Im Grundschulalter fuhr ich einmal allein für 3 Wochen auf eine Ferienfreizeit im Südtirol. Eines Abends nahm ich mit drei anderen Kindern aus Spaß an einer geheimen „Geisterbeschwörung“ teil. Dabei wurde ein anonymer Geist angerufen, dem man alle möglichen Fragen stellen konnte. Ich weiß nicht mehr, was mich dazu brachte, doch im Übermut und in kindlicher Naivität fragte ich, wann und woran ich sterben würde. Die Antwort lautete: Mit 44 Jahren an Krebs. Oberflächlich tat ich es als Unsinn ab, und beruhigend war zudem, dass die 44 in meinen jungen Jahren noch weit entfernt schien. Doch meine kindliche Seele war erschüttert, und die Erinnerung blieb – zwar meist unter der Oberfläche, aber gelegentlich tauchte sie auf. Ich wuchs auf, wurde ein rational denkender Erwachsener und später ein wissenschaftlich orientierter Psychologe. Die gelegentlich auftauchende Erinnerung entkräftete ich stets mit rationalen Argumenten und schob sie beiseite. Trotzdem fühlte ich eine gewisse Erleichterung, als ich meinen 45. Geburtstag feierte und die Erinnerung endgültig als Unsinn ad acta legen konnte. Doch ein halbes Jahr später bekam ich die Krebsdiagnose, und die Erinnerung mit ihrer Verunsicherung kehrte zurück. War das Zufall? Ich hatte die 44 überlebt, doch die Nähe war beunruhigend – konnte an der „Voraussagung" doch etwas Wahres dran sein? Oder war es vielleicht eine „selbsterfüllende Prophezeiung"? Hatte der Krebs sich auf dem Nährboden meiner unbewussten Ängste entwickelt? Ich fand keine Antworten, doch ich schob die Fragen beiseite, weil andere Aufgaben dringlicher waren.

Das „Multiple Myelom" ist eine Krebserkrankung, die die Plasmazellen im Knochenmark betrifft. Plasmazellen sind weiße Blutzellen und spielen eine entscheidende Rolle bei der Abwehr von Krankheitserregern, indem sie spezifische Antikörper produzieren. Beim Multiplen Myelom vermehren sich entartete Plasmazellen jedoch unkontrolliert und produzieren übermäßig monoklonale Antikörper, die hinsichtlich ihrer eigentlichen Aufgabe in der Immunabwehr nutzlos sind. Das Erscheinungsbild der Erkrankung ist vielfältig. Zu den typischen Symptomen zählen Abgeschlagenheit, Antriebsarmut, Blutarmut, eine Schwächung des Immunsystems mit erhöhter Infektanfälligkeit, Knochenschmerzen bis hin zu Knochenauflösung und -brüchen, Beeinträchtigungen der Nierenfunktion sowie ein erhöhter Kalziumspiegel im Blut. Obwohl sich die Prognose in den letzten Jahren deutlich verbessert hat, wird das Multiple Myelom weiterhin als chronische, unheilbare Erkrankung betrachtet. Die Behandlung zielt darauf ab, das Fortschreiten der Krankheit zu verlangsamen und das Leben zu verlängern. Die Krebsforschung macht derzeit Hoffnung, dass die Erkrankung heilbar werden könnte, doch solche Aussagen gab es in der medizinischen Forschung zu Krebs immer wieder, ohne dass diese Versprechen bisher eingelöst werden konnten. Nach wie vor umgibt die Diagnose Krebs eine Aura des Schreckens und der Düsternis.

Dieses Buch handelt von meiner Suche nach Heilung, von meiner intensiven Auseinandersetzung mit dem drohenden Tod und dem Sinn des Lebens. Mein Bestreben war, eine Sichtweise zu finden, die zwar den Schrecken der Krankheit anerkennt, aber auch ihren möglichen Wert betont. In Krankheit liegt Verderben – aber auch die Chance zur positiven Veränderung und zum inneren Wachstum. Die Diagnose und die damit einhergehende Drohung des Todes, zwangen mich dazu, mein Leben zu überdenken und Veränderungen vorzunehmen. Die angestoßenen Gedanken und Veränderungen erwiesen sich als äußerst wertvoll für mich. Ich hoffe, dass meine Erfahrungen und Reflexionen anderen Menschen Mut machen und Impulse geben, sich mit Krankheit und Tod auseinanderzusetzen, solange noch Zeit für Leben und Veränderung bleibt. Diese Auseinandersetzung muss nicht negativ oder verzweifelt sein – es gibt immer Hoffnung, selbst wenn körperliche Genesung unsicher ist. Wie Vaclav Havel sagte: „Hoffnung ist nicht die Überzeugung, dass etwas gut ausgeht, sondern die Gewissheit, dass etwas Sinn hat, egal wie es ausgeht."

Ich schreibe dieses Buch nicht als Experte, sondern als Betroffener. Es sind meine persönlichen Erfahrungen und Gedanken – es ist kein Rezept für den Umgang mit Krankheit und Tod. Ich bin überzeugt, dass jeder Mensch seinen eigenen, individuellen Weg finden muss, und dass es dabei kein richtig oder falsch gibt. Jeder Mensch, jede Lebenssituation, jeder Krankheitsverlauf ist anders. Doch gleichzeitig ist dieses Buch kein reiner Erfahrungsbericht. Meine langjährige Beschäftigung mit philosophischen und spirituellen Themen bildet den Untergrund meiner Reflexionen. In diesem Buch beziehe ich mich immer wieder auf philosophische und spirituelle Gedanken, die mir in meiner aktuellen Situation in den Sinn gekommen sind. Diese Gedanken waren für mich inspirierend und fruchtbar, und diese möchte ich mit anderen Menschen teilen.

Dieses Buch und die darin entwickelten Gedanken über Leben und Tod bleiben unabgeschlossen. Ich begann dieses Buch kurz nach meiner Diagnose, als meine

Erfahrungen und Reflexionen noch frisch und unverfälscht waren. Es ist eine Momentaufnahme aktueller Erfahrungen, Gedanken und Inspirationen. Während des Schreibens kamen immer wieder neue Gedanken, Erfahrungen und Impulse auf, denen ich ebenfalls Raum geben wollte, aber nicht immer fügten sich diese in den bestehenden Text ein. Ein Buch braucht ein Ende, auch wenn meine Reise weitergeht. Nicht zuletzt bleibt dieses Buch auch deshalb unabgeschlossen, weil ich meine Krankheit und die Todesdrohung noch nicht überwunden habe. Ich glaube auch nicht, dass man Krankheit und Tod jemals endgültig „bewältigen" kann – dass man mit diesen Themen abgeschlossen hat, und man frei von Ängsten und Verzweiflung ist. Sie tauchen in veränderten Formen immer wieder auf und werden jedes Mal neu zur Herausforderung. Sie gehören zu unserem Lebensweg, und ich sehe es als Lebensaufgabe, ihnen mutig zu begegnen. Ich schöpfe Hoffnung aus den existenziellen Erfahrungen anderer und hoffe, dass dieses Buch wiederum eine Quelle des Muts und der Hoffnung für andere sein kann.

Feuertaufe

Das Multiple Myelom ist eine schwere Erkrankung, aber meine Situation als Kranker war privilegiert: Ich hatte aktuell kaum Schmerzen oder Einschränkungen. Dennoch war ich tief mitgenommen. Es ist keine Kleinigkeit, den Tod vor Augen zu haben. Die Drohung des Todes brachte Ängste und Verlustgefühle mit sich. Mit der Krebsdiagnose verlor ich unmittelbar die Selbstverständlichkeit einer offenen Zukunft – und damit auch die gemeinsame Zukunft mit meinen geliebten Menschen. Meine Träume und Lebensziele waren plötzlich zerbrechlich und in eine Ferne gerückt, die mir möglicherweise unerreichbar war. Unmittelbar vor mir lag ein Weg, der nicht mehr durch meine Wünsche und Ziele geprägt war, sondern er schien bestimmt von der Erkrankung und den notwendigen Behandlungen. Und dahinter war diffuser, undurchsichtiger Nebel; ob mein Weg dahinter weitergehen würde, war unsicher.

Ich spürte zudem, wie sich auf einmal eine Art Kluft auftat, zwischen mir, und den gesunden Menschen um mich herum, die ihren alltäglichen Aufgaben und Sorgen nachhingen, und Zukunftspläne machten, als ob die Zukunft sicher vor ihnen läge. Es war, als gäbe es eine Trennung zwischen den Lebenden und mir – einem Todgeweihten, dessen Tage gezählt sind. Die Gedanken, die mir durch den Kopf gingen, schienen mir für oberflächliche Gespräche wenig geeignet, und ich verspürte auch kein Bedürfnis darauf. Ich wollte mich authentisch mitteilen, doch wusste nicht recht, wie. Denn ich war auch gehemmt. Ich fürchtete um die Zerbrechlichkeit meiner Gedanken und meiner Innenwelt. Die Gedanken, die mir in der Auseinandersetzung mit meiner Vergänglichkeit in den Sinn kamen, wurden mir wertvoll. Doch diese Gedanken zu offenbaren, bedeutete sie dem Gegenüber auszuliefern, und von diesem möglicherweise abgetan und damit entwertet zu werden. Ich hatte das Bedürfnis meine Gedanken zu schützen, und war daher sehr zurückhaltend und wählerisch, mit wem ich mich auf ein tieferes Gespräch einließ. Ich hatte den Eindruck, in einer anderen Welt wie meine Mitmenschen zu leben, und es war schwer, die Welten zu verbinden.

Auch wenn ich eine innere Stärke spürte und selbstbestimmte Entscheidungen traf, war meine Verletzlichkeit stets präsent. So machte ich mich durch meine Entscheidung für einen komplementärmedizinischen Weg angreifbar, da diese von der Schulmedizin nicht gutgeheißen wurde. Meine Entscheidung wurde von der offiziellen Autorität sowie vielen Mitmenschen mindestens in Zweifel gezogen, wenn nicht sogar als Unsinn abgetan. Obwohl ich mich in dieser Entscheidung stark und selbstbewusst fühlte, war ich mir der Unsicherheit meiner Entscheidung bewusst. Es gab keine anerkannte Autorität, auf die ich mich berufen konnte, um meine Entscheidung zu begründen. Ich hatte das Gefühl, als dumm und naiv angesehen zu werden, und meine Entscheidung beständig rechtfertigen zu müssen. Ich vermied es daher, über meine Erkrankung zu sprechen und zog mich teilweise aus sozialen Aktivitäten zurück.

Schmerzhaft war für mich auch das Gewahrwerden der Vergänglichkeit meines Körpers. Ich hatte immer einen sportlichen, leistungsfähigen Körper, und auch wenn ich schon 45 Jahre alt war, konnte ich mir bis zur Diagnosestellung größtenteils die Illusion bewahren, dass ich noch einen jungen Körper hatte. Nun war ich mir seiner ganzen Zerbrechlichkeit bewusst und verlor den Glauben an seine Zuverlässigkeit. Ich konnte nicht länger darauf vertrauen, dass mein Körper mir zuverlässig zur Verfügung steht. Dabei war meine größte Angst nicht das Sterben, sondern die Vorstellung, gebrechlich und abhängig zu werden. Ich fürchtete mich davor, mit Schmerzen dahinzusiechen, ans Bett gefesselt und auf Hilfe angewiesen zu sein. Ich fürchtete, nicht mehr für meine geliebten Menschen sorgen zu können, sondern ihnen zur Last zu fallen.

Ein Riss zog sich also durch meine Zeit, meine Bindungen und mein Verhältnis zu meinem Körper. Es schmerzte mich, dass ich die Lebenswege meiner Familie und Freunde in der Zukunft nicht mehr teilen könnte – dass sie ein Leben ohne mich führen würden. Es schmerzten mich Pläne und Ideen, die ich mir für später aufgehoben hatte, und die nun vielleicht nicht mehr verwirklicht werden können. Es schmerzte mich, innerlich von Menschen getrennt zu sein, die zwar in meiner Nähe waren, aber in einer anderen Welt lebten. Ich erlebte die Angst des Todes – aber auch die Angst der Schuld: die Angst vor dem ungelebten Leben. Und ich war der Angst der Freiheit ausgeliefert. Zum Beispiel der Angst, frei und selbstverantwortlich einen Therapieansatz zu wählen, trotz aller Unsicherheit und Zweifel, und das mit der Konsequenz, mein Leben zu verlieren, sollte ich die falsche Wahl treffen.

Womit ich nicht gerechnet hatte, war die Schwierigkeit, mir meiner lebensbedrohlichen Situation bewusst zu bleiben. Die Krankheit fühlte sich unwirklich an, und es wäre leicht gewesen, den Gedanken an Krankheit und Tod zu verdrängen. Das war ein kritischer Punkt. Auf einer elementaren Ebene war es für mich lebensbedrohlich, meine reale Situation auszublenden und nichts zu tun. Ich musste mich mit meiner Erkrankung auseinandersetzen und mich zumindest für eine Behandlung entscheiden. Darüber hinaus wollte ich mich auch mit den anderen Ebenen meiner Erkrankung und ihrer Bedeutung auseinandersetzen, weil ich spürte, dass es um mehr ging. Es fühlte sich an wie meine „Feuertaufe“. Durch meine Tätigkeit als existenziell ausgerichteter Psychologe habe ich mich seit vielen Jahren immer wieder mit Leid, Tod und Angst auseinandergesetzt. Mit vielen Patienten habe ich darüber gesprochen, wie wichtig es ist, sich mit der eigenen Endlichkeit auseinanderzusetzen. Nun aber war ich selbst betroffen. Würde mir meine theoretische Auseinandersetzung eine Basis geben, um in der realen Erfahrung Orientierung und Halt zu finden?

Eine der ersten Fragen, die sich mir aufdrängte, war: Warum sollte ich nicht sterben? Nach heutigen Maßstäben war ich noch nicht alt, und meine kleinen Kinder brauchten mich. Nach anderen Maßstäben jedoch hatte ich bereits ein gesegnetes Alter erreicht. Mir war bewusst, dass unzählige Menschen viel jünger sterben mussten und nicht das Glück hatten, 45 Jahre lang ein erfülltes, relativ sorgloses Leben zu führen. Menschen, die früh von einer Krankheit dahingerafft wurden, die ein Unfall aus einem jungen Leben gerissen hatte, oder jene, die in einem Krieg starben, den sie nicht wollten. Musste ich nicht schon dankbar dafür sein, dieses Leben gehabt zu haben?

Vor wenigen Wochen erzählte mir ein Freund von seinen Eltern, die über 90 Jahre alt, fast blind und zunehmend immobil waren – und seit Jahren eigentlich nicht mehr leben wollten. Vor diesem Hintergrund erschien mir das Ziel, so lange wie möglich zu leben, nicht erstrebenswert. Menschen müssen sterben, das ist der natürliche Lauf der Dinge, und das ist auch gut so. Nur für sich selbst ist es schwer, sich in diese natürliche Ordnung einzufügen. Natürlich wollte ich leben – ich hatte nicht das Gefühl, mit meinem Leben schon am Ende zu sein. Ich wollte mich aber nicht verzweifelt an ein Leben klammern, das ich später vielleicht genauso verzweifelt loswerden wollen würde. Ein Sprichwort kam mir in den Sinn: „Es kommt nicht darauf an, dem Leben mehr Jahre zu geben, sondern den Jahren mehr Leben." Auch wenn dieser Spruch mittlerweile abgedroschen ist, resonierte er in mir. Wenn es mein Leben wert sein sollte, von dieser Krankheit gerettet zu werden und mehr Jahre zu erhalten, musste es auch lebendig sein. War es das?

Mein Leben stand bis heute unter einem glücklichen Stern, und es gab unglaublich viel, wofür ich zutiefst dankbar sein konnte und war. Ich hatte eine wundervolle Frau und drei großartige, gesunde Kinder. Im Großen und Ganzen führten wir ein harmonisches, unbeschwertes Familienleben. Ich konnte meinen beruflichen Weg selbst wählen, studieren und hatte immer gute Arbeitsstellen. An all meinen beruflichen Stationen erfuhr ich viel Anerkennung und Wertschätzung. Wir hatten eine schöne, große Wohnung und keine echten finanziellen Sorgen, obwohl wir Karriere und Geld nie an erster Stelle setzten. Ich hatte gute Freunde und vielfältige Talente. Für all das und noch mehr war ich immer dankbar. Ich war mir immer bewusst, dass das alles nicht selbstverständlich ist, und ich war mit meinem Leben „zufrieden", was ich jedem sagte, der mich fragte. Aber war es lebendig?

Ich habe mir viele Gedanken darüber gemacht, wann ich mich in meinem Leben wirklich lebendig gefühlt habe. Ich habe mir die Frage gestellt, was wohl hinweisende Kennzeichen dafür sind, dass man ein lebendiges, erfülltes Leben führt. Mir kamen dafür Attribute in den Sinn wie Lebensfreude, Energie, Begeisterung, Tatendrang und eine tiefe Überzeugung, dass es genau das Richtige ist, was man gerade tut. Mir wurde bewusst, dass ich diese Attribute in meinem Leben in den letzten Jahren wenig gespürt hatte. Ich war in den letzten Jahren oft motivationslos, ohne wirkliche Energie, eher lethargisch und ohne Begeisterung gewesen. Zu vielen Aufgaben und Aktivitäten musste ich mich aufraffen und überwinden. Lebendig fühlt sich sicherlich anders an. Meine Gedanken kamen auf meinen Lebensweg und zu der Frage, ob ich in den letzten Jahren den richtigen Weg beschritten hatte. Das von Pindar geforderte „Werde, der Du bist" nagte an mir. War ich in den letzten Jahren meinem Herzen gefolgt? Oder war ich nicht zu feige gewesen, zu sehr in ein materialistisches Muster verfallen, das für mich sehr eng verwoben war, mit den Pflichten eines Familienvaters. In den letzten Jahren waren mir Geld und Sicherheit zunehmend wichtig geworden, worauf ich früher wenig Wert gelegt hatte. Doch mit den Kindern geriet die materielle Lebensgrundlage immer mehr in den Fokus: Gesundes Essen, gesunder und großzügiger Wohnraum, gute Kleidung, Bildung und Sport, Versicherungen, Ausflüge, Urlaube etc. – das Geld zerrann uns oft zwischen den Fingern. Und obwohl meine Frau Julia und ich beide berufstätig waren, und wir meiner Meinung nach kein schlechtes Gehalt bekamen, hat uns das Geld meist nicht gereicht. Immer öfter war ich mit kleinen Geldsorgen beschäftigt gewesen, sodass mir die finanzielle Sicherheit immer wichtiger geworden war.

Ich hatte zudem den Eindruck, dass mein Leben ein Stück in „Warteposition“ geraten war. Meine Interessen und Träume waren ganz überwiegend neben der beruflichen Tätigkeit und den familiären Verpflichtungen „geparkt“ worden. Dazu kam mein schon länger bestehender Energiemangel, der abends sein Tribut forderte, und wenn die Kinder endlich im Bett waren, war ich selbst ebenfalls reif fürs Bett. Ich hoffte darauf, dass ich wieder mehr Zeit und Energie für meine Interessen und Träume hätte, wenn die Kinder größer sind.

Mir kam ein Bibelzitat in den Sinn, wo ein reicher Mann endlich seine Speicher voll hatte und dachte, nun kann er sich zur Ruhe setzen und sein Leben genießen, worauf Gott sprach: „Du Narr, noch heute Nacht werde ich Dein Leben von Dir zurückfordern!“ (Lukas, 12,20). Und ich hatte das Gefühl, dass ich irgendwie auf dieselben Abwege geraten war. Ich hatte mich zu sehr auf die offene Zukunft verlassen, hatte wichtige Dinge aufgeschoben und war meinem Weg untreu geworden. Ich war aktuell nicht so ganz auf dem Weg, der zu werden, der nur ich sein konnte. Die Krebserkrankung rüttelte mich wach: Ich konnte mein Leben nicht länger in Warteposition leben, denn meine Zukunft war unsicher.

Kurze Zeit später bekam ich einen weiteren Hinweis auf die Bedeutsamkeit dieses Themas. Ich habe mir einen Backenzahn ziehen lassen, bei dem sich vor über 20 Jahren die Zahnwurzel entzündet hatte und abgestorben war, und bei dem daher eine Wurzelbehandlung durchgeführt wurde, um ihn zu erhalten. Der Zahn hatte mir in all den Jahren eigentlich keine direkten Probleme gemacht und seine Funktion erfüllt, aber ich hatte schon vor Jahren gelesen, dass solche wurzelbehandelten Zähne im Geheimen enorme gesundheitliche Probleme machen können. Aufgrund der Schwere meiner Erkrankung wollte ich kein Risiko eingehen und diese potenzielle Belastung beseitigen. Tatsächlich kam bei der Resektion auf, dass sich unter den Zahnwurzeln zwei große Zysten gebildet hatten. In einem Buch über *Zähne und Spagyrik* (1) habe ich dann gelesen, dass mein betroffener Zahn symbolisch dafür stehen würde, sich wieder auf die Suche nach dem eigenen Lebensplan zu machen, und danach zu fragen, wie das eigene Leben eigentlich gemeint war. Es sei ein Notsignal des Unterbewusstseins, dass man gerade dabei sei, sein Lebensziel und seine Lebensaufgabe zu verfehlen. Ich musste mir eingestehen, dass dies auf mich und mein Leben bezogen ein Volltreffer war. Die Frage nach meinem Ziel und meiner Bestimmung beschäftigte mich, aber ich fand trotz vieler Gedanken zunächst nur fragmentarische Antworten.

Ich suchte und wünschte mir Heilung. Aber was war Heilung? So komisch diese Frage vielleicht klingen mag, so vielschichtig und schwierig ist eine mögliche Antwort. Natürlich wollte ich körperlich wieder gesund werden, wollte diese Erkrankung überwinden, und noch viele Jahre beschwerdefrei und fit verbringen. Aber das war nur die oberflächliche Dimension. Wenn man Heilung als positive Entwicklung ansieht, dann war in der Erkrankung etwas Heilung enthalten, denn die Erkrankung war ein Geflecht aus Negativem und Positivem. Allein mein aktueller Krankheitsstatus war ein wenig paradox. Aufgrund von Testergebnissen erhielt ich von heute auf morgen eine schwerwiegende Krankheit diagnostiziert. Bis zu diesen Testergebnissen war ich offiziell gesund, und ich hätte mich auch selbst als gesund bezeichnet, obwohl ich seit längerer Zeit unter mancherlei Beschwerden gelitten hatte. Im Durchschnitt ging es mir bis zur Diagnose oft nicht so gut, aber ich bezeichnete mich als gesund und war es offiziell auch. Nach der Diagnose vollzog ich einige Veränderungen in meinem Leben, insbesondere hinsichtlich meiner Ernährung und einiger Lebensgewohnheiten. Dadurch hatte sich mein gesundheitliches Befinden deutlich gebessert. Innerhalb einer Woche hatte ich beispielsweise keine Gelenkschmerzen mehr und meine geistige Leistungsfähigkeit war auch wieder deutlich besser. Mir ging es richtig gut, aber nun war ich offiziell krank. Wie ich mich selbst bezeichnen sollte, war mir oft unklar. Bemerkenswert war, dass ich mich davor mit meinen Beschwerden arrangiert hatte. Sie hatten mich zwar genervt und auch beeinträchtigt, aber ich hatte sie weitgehend als „normal" hingenommen. Natürlich wusste ich, dass Ernährung einen großen Einfluss auf meine Gesundheit haben kann, aber da ich schon lange Zeit bewusst auf meine Ernährung achtete, hatte ich nicht damit gerechnet, dass eine konsequente Umstellung noch großen Mehrwert haben könnte. Aber, und das war für mich im Nachhinein das Bemerkenswerte, ich hatte es nicht probiert. Aus heutiger Sicht wäre das unkompliziert gewesen, aber ich war zu träge, es war mir die Mühe nicht wert gewesen, obwohl die gesundheitlichen Probleme beeinträchtigend waren. Erst die Krebsdiagnose hat mir die nötige Motivation gegeben, diesen Schritt zu machen. Es ging mir also in gesundheitlicher Hinsicht deutlich besser als vor der Diagnose. In dieser Hinsicht musste ich meiner Diagnose also dankbar sein. Aber die Möglichkeiten zu einer positiven Veränderung lagen noch viel tiefer.

Nicht nur in körperlicher Hinsicht hatte ich mich mit meinem Unwohlsein arrangiert. Wie beschrieben, wurde mir durch die Erkrankung schmerzlich bewusst, dass in meinem Leben etwas fehlte, auch wenn ich es nicht klar benennen konnte. In meinem Leben fehlten Begeisterung, Lebensfreude, Tatendrang und motivierende Ziele. Aber auch das habe ich als „normal" hingenommen, und mit der Überzeugung, dass es sich aktuell nicht ändern lässt. Ich fühlte mich ein Stück gefangen in den Pflichten eines Familienvaters, der versuchte, für seine Familie stets da zu sein. Aber war das wirklich so normal und unveränderlich? Die Diagnose und die Drohung des Todes erschütterten mich und stellten die bisherigen Überzeugungen infrage. Es blieb mir möglicherweise nicht mehr viel Zeit. Sollte ich bald sterben müssen, dann müsste meine Familie auch ohne mich zurechtkommen, und das würde sie sicherlich auch. War es dann nicht auch möglich, mir etwas mehr Freiheit zu nehmen, solange ich lebte, auch wenn das bedeuten würde, dass ich für meine Familie nicht immer präsent bin? Zeit für mich zu beanspruchen, fiel mir die letzten Jahre schwer, insbesondere da Julia genauso wenig Zeit für sich hatte, wenn nicht sogar noch weniger. Noch war unser kleinster Sohn nicht selbstständig genug; einer von uns musste präsent sein und war dadurch gebunden, nicht nur örtlich, sondern auch in der Aufmerksamkeit.

Die Diagnose einer tödlichen Krankheit bedeutete: jetzt oder nie. Sie legitimierte den Fokus mehr auf mich selbst zu richten und auf mich zu achten. Auch das war eine ambivalente Sache. Denn ich wollte nicht krank sein. Wenn ich gefragt wurde, wie es mir geht, weigerte ich mich zu sagen, dass ich krank sei. Auch wenn es für andere vielleicht nur eine sprachliche Feinheit war, so wollte ich mein „Sein“ nicht mit Krankheit identifizieren, indem ich aussprach: Ich bin krank. Meist antwortete ich nur mit „Es geht mir gut“, oder wenn es zur Sprache kommen musste, dann sagte ich: „Ich habe eine Krebsdiagnose bekommen“. Denn was ich bekommen hatte, konnte ich auch wieder loswerden. Ich wollte mich also nicht als krank bezeichnen, und tatsächlich fühlte ich mich so gesund wie lange nicht mehr. Aber andererseits war die Diagnose real, und ich musste etwas tun, um wieder gesund zu werden. Dazu benötigte ich die Diagnose und die damit verbundene Zuschreibung als krank, denn nur so erhielt ich die soziale Legitimation mir die Zeit zu nehmen, die ich für mich und meine Therapie brauchte.

Krankheit als „Krise“ beinhaltete für mich daher Gefahr, aber gleichzeitig auch die Möglichkeit für positive Veränderungen. In meiner beruflichen Tätigkeit als Psychologe habe ich Krankheit oft gegen das Vorurteil verteidigt, dass sie ausschließlich was Schlechtes und zu Bekämpfendes sei. Ich war ein Anhänger von Viktor E. Frankl, der den Menschen als „Homo Patients“ charakterisiert hat, der „Mensch als Leidender“ (2). Leid gehört zum menschlichen Leben, früher oder später, wir können es nicht aus unserem Leben raushalten. Es ist daher nicht die Frage, „ob“ wir leiden, sondern des „wie“. Es kommt darauf an, wie wir mit Leid und Krankheit umgehen und was wir daraus machen. Und oft ist schwere Krankheit der Anstoß und Wendepunkt, indem wir unser bisheriges Leben hinterfragen, prüfen was wirklich wichtig ist, und uns neu ausrichten können.

In meinen Gesprächen mit Patienten habe ich von Zeit zu Zeit ein Sprichwort herangezogen, welches meines Wissens auf den persischen Dichter und Mystiker Rumi zurückgehen soll: Seele und Körper treffen sich, und die Seele klagt dem Körper ihr Leid, dass ihr Besitzer nicht auf sie hört. Darauf erwidert der Körper: „Ich habe eine Idee. Ich werde krank, dann hat er Zeit für Dich.“ Dieses Sprichwort empfand ich immer als hilfreich im Umgang mit Krankheit. In dieser Sichtweise beinhaltet Krankheit den Aufruf zur Einkehr, zur Auseinandersetzung mit sich und der eigenen zarten inneren Stimme. Krankheit gibt uns Zeit für uns selbst und zur Begegnung mit unserer Seele. Es geht nicht immer darum, die Krankheit so schnell wie möglich zu überwinden, um dann einfach weitermachen zu können, wie zuvor. Krankheit beinhaltet auch den Aufruf zur Reflexion, Neuorientierung und Veränderung.

In dieser Sichtweise ist Krankheit keine Schwäche, sondern nur eine andere Art des Seins, das seine eigenen Möglichkeiten und Begrenzungen hat. Ein Sein, das auch einen möglichen Wert und Sinn haben kann. Ich habe oft den Eindruck, dass dies in unserer Leistungsgesellschaft nicht gesehen und Krankheit ausschließlich als negativ und sinnlos bewertet wird. Nur das Starke und Produktive hat Daseinsberechtigung. Das bekannte Zitat von Schopenhauer wird von vielen Menschen fraglos akzeptiert und propagiert: „Gesundheit ist nicht alles, aber ohne Gesundheit ist alles nichts". Nun bedeutet „ohne Gesundheit" nichts anderes als Krankheit, und demnach ist mit Krankheit alles nichtig. Wenn Krebs eine schwere chronische Erkrankung ist, dann stehe ich demnach vor dem Nichts, mein Leben wird wertlos und sinnlos.

Auch der Satz des römischen Dichters Juvenal wird gerne rezitiert: „Mens sana in corpore sano" („Ein gesunder Geist in einem gesunden Körper"). Dieser passt zu einer Lebensphilosophie der Tüchtigen, und nicht umsonst war dieser Spruch im Nationalsozialismus sehr beliebt. Gesunder Geist und gesunder Körper gehen demnach Hand in Hand. Aber was, wenn eines von beiden fehlt? Wenn ich körperlich krank bin, kann ich dann einen gesunden Geist haben? Oder liegt es gar an meinem Geist, dass mein Körper nicht gesund sein kann? Hier tun sich leicht Abgründe auf. Und letztlich ist es völlig klar, auf was es nach diesem Zitat ankommt – auf Gesundheit und Stärke. Die Perspektive ändert sich, wenn man weiß, dass die übliche Übersetzung in die Irre führt, da sie aus dem Kontext gerissen ist. Was Juvenal eigentlich zum Ausdruck bringen wollte, war genau das Gegenteil. Er stand dem Körperkult kritisch gegenüber und meinte daher: „Betet darum, dass in einem gesunden Körper auch ein gesunder Geist wohnt". Ein gesunder Körper ist wichtig, aber mindestens genauso wichtig ist ein gesunder Geist, und nicht immer gehen diese Hand in Hand. Es gibt Menschen von unglaublich robuster körperlicher Gesundheit, die aber in moralisch-psychischer Hinsicht vielfältige Mängel aufweisen können, wie Egoismus und Boshaftigkeit. Und umgekehrt gibt es Menschen, die an chronischer Krankheit oder Behinderung leiden, die aber durch ihre Persönlichkeit und ihre geistige Haltung leuchtende Vorbilder sind und mir tiefe Bewunderung abnötigen.

In unserer Kultur stehen Produktivität und Leistung im Fokus unserer Lebensführung und Lebensziele. Ergänzt werden diese Werte durch Prestige, Ordnungssinn und Sauberkeit. All das ist wertvoll, aber sind diese ausreichend für ein erfülltes Leben? Ich habe eine Geschichte in Erinnerung, in der ein Meditationsmeister in Begleitung eines Schülers mit dem Zug durch Frankreich fährt, als sie durchs Fenster einen Friedhof sehen. Der Schüler ruft bewundernd aus: „Sieh Dir das an! Hier sind selbst die Friedhöfe schöner und gepflegter als bei uns daheim die Häuser!“ Darauf antwortet der Meister: „Das stimmt. Ich wünschte nur, sie würden ihre Seelen genauso pflegen wie ihre Friedhöfe.“

Wer das Kinderbuch *Frederick* (3) kennt, der weiß, dass es als Ergänzung zu der lebenstüchtigen Haltung des Sammelns und Leistens, eine kontemplativ-musische Lebenshaltung gibt, die nicht weniger wertvoll ist. Mir geht es hierbei nicht um ein „entweder – oder“, ob die eine Lebenshaltung besser als die andere ist. Beide sind wichtig und ergänzen sich. Schwere körperliche Krankheit jedoch erschwert das Tätigsein und die Leistungsfähigkeit erheblich, oder machen sie unmöglich. Dem Kranken steht die Teilhabe an den gesellschaftlichen Lebenswerten oft nicht mehr zur Verfügung. Was offensteht, ist der wertvolle Weg nach innen, Kontemplation und Reflexion. Diese haben einen Wert in sich, und sie werden in unserer Gesellschaft oft vernachlässigt, oder auch schmerzlich vermisst. Insofern stellt Krankheit vielleicht einen heilsamen Gegenpol zur Geschäftigkeit der Gesellschaft dar. Es geht um die Pflege der Seele.

Ich habe als klinischer Psychologe viele Jahre in der psychosomatischen Rehabilitation gearbeitet. Viele meiner Patienten waren aufgrund ihrer Beschwerden arbeitsunfähig, teilweise schon lange Zeit. Sie waren nicht mehr leistungsfähig und nicht produktiv, und kamen in der Gesellschaft und der aktuellen Arbeitswelt nicht mehr richtig zurecht. Dennoch musste ich immer wieder staunen, was für großartige Menschen meine Patienten waren. Viele meiner Patienten waren intelligente, sensible, mutige und moralisch integre Persönlichkeiten. Ich erinnerte mich bei meiner Tätigkeit oft an eine Aussage eines indischen Gurus: „Es ist kein Zeichen psychischer Gesundheit an eine kranke Gesellschaft gut angepasst zu sein.“ Doch dies ist genau die Art, wie in unserer Kultur psychische Gesundheit definiert wird: Gesund ist, wer sich im Normbereich (als statistischer Durchschnittsbereich) befindet. Umgekehrt hörte ich meine Patienten von Zeit zu Zeit fragen: „Wer ist jetzt eigentlich krank: Wir, oder die Gesellschaft da draußen?“ Denselben Gedanken kann man bei dem Philosophen Friedrich Nietzsche wiederfinden: „Der Mensch, der krank zu Bette liegt, kommt mitunter dahinter, dass er für gewöhnlich an seinem Amte, Geschäfte oder seiner Gesellschaft krank ist und durch sie jede Besonnenheit über sich verloren hat; er gewinnt diese Weisheit aus der Muse, zu welcher ihn seine Krankheit zwingt."

Auf einer tieferen Ebene wird die Differenzierung von Gesundheit und Krankheit daher schwierig. Es geht dabei immer auch um kulturell festgelegte Kriterien, die nicht zwangsläufig so sein müssen. Was ist Heilung? Soll ich meine großartigen, sensiblen Patienten dazu bringen, sich an die rohe, kranke Arbeitswelt anzupassen?

Vor dem Hintergrund dieser Gedanken stellt sich die Frage, ob wir den Wert von Krankheit sehen und anerkennen können. Schwere Krankheit ist verbunden mit mangelnder Produktivität, aber sie kann uns lehren, den Wert der Muse zu erkennen. Die Drohung des Todes ist kein Feind des Lebens, sondern erst das Bewusstsein um die eigene Sterblichkeit stärkt das Gefühl für den Wert des Lebens. Etty Hillesum schreibt in ihrem Tagebuch (4): „Wenn man den Tod aus seinem Leben verdrängt, ist das Leben niemals vollständig, und indem man den Tod in sein Leben einbezieht, erweitert und bereichert man das Leben." Irvin Yalom (5) berichtet von seiner Arbeit mit krebskranken Menschen im Endstadium, die ebenfalls genau dies zum Ausdruck bringen: „Wie schade, dass ich bis jetzt warten musste, bis mein Körper vom Krebs zerfressen worden ist, um leben zu lernen!" Yalom berichtet davon, dass diese Menschen auf einmal imstande waren, ihre Prioritäten neu zu setzen, nur noch das zu tun, was sie wirklich tun wollten, intensiver zu leben, mit mehr Wertschätzung für die alltäglichen Erfahrungen des Lebens.

All diese Gedanken führten mir vor Augen, dass Heilung nicht auf körperliche Genesung reduziert werden sollte. Natürlich wünsche auch ich mir Gesundheit, und auch ich sehe Gesundheit als äußerst wertvolles Gut an, dass es zu schützen und zu erhalten gilt. Ich wünsche mir Genesung, weil ich leben will, und weil ich nicht nur dahinleben, sondern ein aktives Leben führen will. Ich habe noch Pläne und Träume, die zu großen Teilen nur möglich sind, wenn ich körperlich leistungsfähig bin. Dennoch stimme ich vollkommen Schipperges (6) zu, wenn er schreibt: „Gesundheit ist keineswegs das höchste Gut, sondern ein vitales Medium zu eigener, kreativer, sinnvoller Existenz." Gesundheit ist wichtig, aber sie sollte auf Werte ausgerichtet sein, die über ihr stehen. Manchmal ist Gesundheit die Voraussetzung, um diese Werte verwirklichen zu können, manchmal auch nicht, manchmal verwirklicht sich der Wert in der Krankheit, also in dem „wie" ich mit meiner Erkrankung umgehe. Ich wollte mich daher nicht verzweifelt an eine körperliche Genesung klammern, sondern mich der Heilung in all ihren Aspekten öffnen.

Als junger Erwachsener las ich ein Buch von Stephen Levine (7) mit dem Titel: *Sein lassen. Heilung im Leben und im Sterben*. Dabei ging es um die spirituelle Begleitung von schwer krebskranken Menschen, und der Fokus lag auf seelischer Heilung. Levine berichtete darin von Patienten im Endstadium, die eine seelische Heilung erfahren haben und daraufhin auch körperlich genesen sind; er habe aber genauso viele Patienten mit seelischer Heilung gesehen, die trotzdem gestorben sind. Das Buch hat mich damals sehr berührt und geprägt. Zentral war für mich der Gedanke, dass es Heilung geben kann, auch im Streben.

Wenn viele Menschen nach einer seelischen Heilung in der Folge auch körperliche Heilung erfahren, dann wäre das schon Grund genug, sich um seelische Heilung zu bemühen. Wenn dies jedoch mein einziger Antrieb für seelische Heilung wäre, dann würde ich damit die seelische Heilung instrumentalisieren, und sie damit ihres Sinns und ihrer Kraft berauben. Sie würde zum bloßen Mittel zum Zweck, und die körperliche Heilung stünde über ihr. Die Gefahr wäre zudem, dass ich enttäuscht wäre, und meine Heilung als Fehlschlag sehen würde, wenn die körperliche Heilung ausbleiben sollte. Das war nicht mein Weg. Für mich rückte die seelische Heilung ins Zentrum. Aufgrund meiner beschriebenen Gedanken war ich mir meiner grundsätzlichen Sterblichkeit sehr bewusst. Auch wenn ich diese Krankheit jetzt überwinden sollte, so werde ich doch unausweichlich eines Tages meine Gesundheit verlieren und sterben. Schon während meiner Genesung, schon morgen, könnte ich einen schweren Unfall erleiden, der zu schwerer Beeinträchtigung oder Tod führen kann, was mir meine aktuelle Tätigkeit in einer großen Unfallklinik täglich vor Augen führte. Wichtiger und verlässlicher schien mir daher der Fokus auf meine seelische Integrität, auf eine umfassende Heilung.

Dabei hört sich „seelische Heilung“ vielleicht etwas abgehoben an, und auch sehr vage. Was soll seelische Heilung denn sein? Wiederum ist eine mögliche Antwort nicht so einfach. Für mich gibt es dabei eine weltliche Seite und eine religiös-spirituelle. In der wissenschaftlichen Psychologie hat man das Wort „Seelenleben“ bzw. „Psyche“ mit dem „Verhalten, Erleben und Bewusstsein des Menschen“ ersetzt, was das Seelenleben objektiver erfassbar und greifbarer machte. Das ist die weltliche Seite. Aber wie soll hier Heilung definiert werden? Das Ziel der Bemühungen kann hier nicht die „Norm“ als der gesellschaftliche Durchschnitt sein. Vielmehr kann es sich meiner Meinung nach nur um eine „Idee“ des Menschen handeln, eine ideale Vorstellung, wie man als Mensch sein soll. Wenn es um meine persönliche Heilung geht, dann geht es auch nicht um eine abstrakte, allgemeine Idee des Menschen – sondern es geht um die Idee meiner individuellen Person, wie ich sein soll, wie ich sein will. Sowohl um meinen weltlichen als auch den religiös-spirituellen seelischen Heilungsweg soll es im Folgenden gehen.

Zu werden, wer ich bin

Ein wesentlicher Teil meiner Heilung bestand darin, meinen wahren Wesenskern zu verwirklichen – zu dem zu werden, der nur ich sein konnte. Dieser Gedanke kommt bei dem chassidischen Rabbi Susya bildhaft zum Ausdruck: „Wenn ich in den Himmel komme, werden sie mich nicht fragen: Warum warst Du nicht Moses? Stattdessen werden sie fragen: Warum warst Du nicht Susya? Warum wurdest Du nicht zu dem, der nur Du werden konntest?" Wer aber war ich? Wie war ich im Kern meines Wesens gemeint, und wer wollte ich werden? Trotz meiner psychotherapeutischen Ausbildung und der damit verbundenen Selbsterfahrung fiel es mir schwer, Antworten auf diese Fragen zu finden.

Meine Krebsdiagnose bedrohte die gewöhnlichen Antworten, die einem zu diesen Fragen in den Sinn kommen. Würde die Krankheit einen schweren Verlauf nehmen, stünden mir vermutlich erhebliche Schmerzen und Einschränkungen bevor. In meiner Vorstellung wäre ich dann irgendwann so eingeschränkt, dass ich ans Bett gefesselt wäre, und ich meine verschiedenen Rollen als Partner, Vater, Freund, Psychotherapeut und alle Tätigkeiten, die für mich sinn- und identitätsstiftend sind, nicht mehr würde ausüben können. Wer bin ich dann, wenn ich zu nichts mehr fähig bin und keine Funktion mehr habe? Diese Perspektive stellte mein aktuelles Selbstbild vollkommen infrage. In dieser Zukunft bliebe mir nicht mehr viel, außer ich selbst, mein Wesenskern. Und die Hoffnung auf sinnstiftende Verbindungen von diesem Kern zu der Welt um mich herum, zu den Menschen, die ich liebe, und zu Gott, als den Urgrund allen Seins.

Aber noch war ich fit, ich fühlte mich körperlich und geistig leistungsfähig. Noch hatte ich das Potenzial, mich zu verändern und die Welt um mich herum zu gestalten. Wie also war ich im Kern meines Wesens gemeint, und wie konnte ich ihn verwirklichen? Im Kern ging es zunächst um Selbsterkenntnis. Doch wie gelingt Selbsterkenntnis? Eine Voraussetzung dafür ist, dass ich mit mir selbst in einer guten Beziehung bin. Hört sich einfach und selbstverständlich an. Natürlich stehen wir stets in einer Beziehung zu uns selbst, so wie wir in sozialen Beziehungen stehen, wenn wir mit anderen Menschen zusammen sind. Aber es ist genauso Teil unserer Erfahrung, dass wir uns auf einer Party inmitten einer Menge von Menschen völlig einsam und beziehungslos fühlen können. Genauso leer und bedeutungslos kann die Beziehung mit uns selbst sein. Beziehungen werden erst dann echt und erfüllend, wenn wir in ihnen präsent sind, uns Zeit für unser Gegenüber nehmen und ihm achtsam begegnen. Wenn wir uns darum bemühen, unser Gegenüber wirklich zu verstehen. In der Geschäftigkeit des Alltags, der ausgefüllt ist mit Aufgaben und Ablenkungen, fällt es schwer, echte Beziehungen zu leben. Ich war beispielsweise oft nur begrenzt imstande, meinen Kindern die Aufmerksamkeit zu schenken, die sie verdient hätten. Ich war zu sehr beschäftigt mit meinen eigenen Gedanken und den Ablenkungen des Alltags. Ich war oft nicht zufrieden mit mir und der Art, wie ich mit meinen Kindern in Beziehung war. Und ganz ähnlich schwer war es, mit mir selbst in einer guten Beziehung zu sein.

Zeiten ungestörter Begegnung mit mir selbst waren schon lange vor der Diagnose rar, und wenn ich sie hatte, konnte ich sie oft nicht zufriedenstellend nutzen. Mein Alltag vor der Diagnose war unter der Woche von meiner Arbeit in der Klinik und dem normalen Familienleben geprägt, ähnlich wie bei vielen anderen Menschen. Ich ging in der Regel um 6:30 Uhr aus dem Haus und kam um 18 Uhr wieder heim. Dann stand das Abendessen an und einige häusliche Aufgaben, im Anschluss die Kinder ins Bett bringen. Die Zeit danach war oft „dumpfe“ Zeit; ich verbrachte sie am Smartphone oder schaute vielleicht noch einen Film. Manchmal las ich noch ein wenig in einem Buch, aber viel zu wenig. Julia ging es oft ähnlich, sie lag mit ihrem Tablet neben mir auf dem Sofa. Wir verbrachten die Zeit zusammen, waren aber nicht wirklich in Beziehung. Die Zeitfenster, in denen wir eine qualitativ hochwertige Paarbeziehung leben konnten, waren seltener, als wir es uns gewünscht hätten, doch uns fehlte die Kraft, dies zu ändern und unsere gemeinsame Zeit besser zu nutzen. Die Zeit war stets ausgefüllt, aber sie war nicht immer erfüllend.

Ohne eine regelmäßige, innige Verbindung zu uns selbst können wir uns nicht wirklich erkennen, und wir trocknen innerlich gleichsam aus. Es braucht Zeit und Aufmerksamkeit, um jemanden wirklich kennenzulernen, und beides ist das Wertvollste, was wir einem Gegenüber schenken können. in ich es mir also selbst wert, mir Zeit und Aufmerksamkeit zu schenken? Oder ist es eher genau das Gegenteil, dass wir diese Begegnung lieber vermeiden? In dem Buch *Eden Culture* von Johannes Hartl (8) las ich von einem Experiment, das zeigt, wie unangenehm es für uns scheinbar ist, einfach nur Zeit mit uns selbst zu verbringen. In diesem Experiment durften sich Studierende 15 Minuten lang keiner Tätigkeit widmen; sie waren mit sich allein und konnten nur ihren Gedanken nachhängen. Sie durften aber, wenn sie das wollten, sich selbst leichte, aber schmerzhafte Stromschläge verpassen, um sich abzulenken. Erstaunlicherweise entschieden sich die meisten für die Stromstöße. Anscheinend setzen wir uns lieber schmerzhafter Ablenkung aus als Zeit mit uns selbst zu verbringen. So schlimm war es bei mir nicht. Grundsätzlich verbrachte ich gerne Zeit allein, doch anscheinend war sie mir oft nicht wichtig genug, da ich meine Freizeit meist mit anderen Beschäftigungen füllte.

Meine Diagnose half mir, mich ein Stück von diesen „Störungen der Beziehungen“ zu lösen, da die Drohung des Todes mein Bewusstsein veränderte. Dabei hat sich für mich eine Gedankenübung als hilfreich erwiesen: Ich versuchte mir immer wieder bewusst zu machen, dass dieser Augenblick ein letzter Augenblick sein könnte: mein letzter Frühling, mein letzter Arbeitstag, mein letztes Mal „dies und das“ – was wäre dann? Wie wollte ich diesen Augenblick erleben? Was wäre in diesem Moment wirklich wichtig? In der Regel war die Antwort darauf recht einfach: möglichst bewusst und ohne Ablenkung, ganz im Hier und Jetzt, mit Wertschätzung dessen, was mit mir in diesem Moment ist. In diesen Momenten des „letzten Mals“ wurde der Wind auf der Haut kostbar, ebenso wie der Duft des Frühlings und die zarten Sonnenstrahlen, die durch die Bäume brachen. Oder eben das Lachen meiner Kinder und ihre Erzählungen von ihrem Tag, oder das Spielen mit ihnen. Das war das eigentlich Wertvolle in meinem Leben. In der Erzählung *Der Fremde* von Albert Camus wird eine ähnliche Erfahrung berichtet. Der Protagonist ist zum Tode verurteilt und wartet in seiner Zelle auf die Vollstreckung des Urteils. Als er durch das Oberlicht in der Decke einen viereckigen Ausschnitt des blauen Himmels sah, hat er den Eindruck, zum ersten Mal in seinem Leben dazu in der Lage zu sein, den blauen Himmel bewusst wahrzunehmen. Natürlich hatte er in seinem Leben schon oft den Himmel gesehen, aber jetzt konnte er ihn zum ersten Mal wirklich sehen. Die Drohung des Todes kann uns helfen, das Leben achtsam wahrzunehmen. Achtsamkeit formt unsere Wirklichkeit. Durch Achtsamkeit treten wir in echten Kontakt mit dem Leben. schärfte meine Achtsamkeit für die alltäglichen Dinge des Lebens, wodurch ich ihren Wert bewusster wahrnahm.

Die erhöhte Achtsamkeit allein brachte schon eine große Veränderung für mein Leben, es war wieder deutlich lebendiger. Dabei war Achtsamkeit prinzipiell kein neues Konzept für mich. In meiner Tätigkeit als Psychotherapeut nutze ich Achtsamkeitsübungen oft und gerne. In meinem Alltag gelang es mir jedoch nicht, durchgehend eine achtsame Wahrnehmung aufrechtzuerhalten. Achtsamkeit ist nichts, was man haben kann, wie einen Besitz. Achtsamkeit ist durchgehend gefährdet, zart und zerbrechlich. Der „Alltagsmodus" ist durchzogen mit Ablenkungen und Bewertungen, mit Motiven der Vergangenheit oder der Zukunft. Wenn ich mir jedoch mit Hilfe der beschriebenen Gedankenübung bewusst machte, dass meine Zeit endlich ist, dann fiel es mir leichter, wieder in eine achtsame Wahrnehmung zurückzukehren. Wenn ich in diesem intensiven Kontakt mit mir selbst und der Welt war, dann erlebte ich diesen Augenblick als lebendig und wertvoll. Ich konnte bewusster wahrnehmen, wie wertvoll die gewöhnlichen Erfahrungen des Alltags waren. Es war nicht länger: „Schon wieder Staubsaugen, wie nervig!", sondern: „Gott sei Dank kann ich noch beschwerdefrei staubsaugen! Ich habe Anteil am Leben, und dieser Moment ist kostbar!"

Auch in beruflicher Hinsicht bewirkte diese achtsame Haltung vor dem Hintergrund meiner Vergänglichkeit eine Veränderung. Bereits vor der Diagnose war ich beruflich seit einiger Zeit nicht völlig zufrieden. Zwar erlebte ich in meiner Arbeit als Psychotherapeut viele schöne Momente und erhielt auch positive Rückmeldungen, doch ich war oft unsicher, ob meine Arbeit wirklich gut war. Zudem hatte ich oft den Eindruck, dass manche meiner zentralen Fähigkeiten in dieser Tätigkeit allein nicht ausreichend zum Einsatz kamen, die mir aber Freude gemacht hätten. Beispielsweise glaube ich eine besondere Fähigkeit darin zu haben, in Diskussionen und Problemen das Wesentliche zu erfassen, es auf den Punkt bringen zu können und entsprechend passende Lösungen zu erarbeiten. Ich kann systematisch und analytisch denken und gut mit Zahlen umgehen. Eine Zeit lang konnte ich diese Fähigkeiten als Leitender Psychologe in einer psychosomatischen Rehaklinik einbringen, doch ich verzweifelte zunehmend an einem System, das eine intensive Auseinandersetzung mit Problemen nicht zuließ und daher nur oberflächliche, kurzsichtige Lösungen ermöglichte. Die Zeit dafür war schlichtweg nicht vorgesehen; alles unterlag dem Diktat der kurzfristigen Wirtschaftlichkeit, unabhängig davon, wie es den Mitarbeitern oder Patienten erging. Also warf ich das Handtuch und suchte mir eine neue Stelle ohne Leitungsfunktion. Manches ist jetzt besser, doch die Grundprobleme sind unverändert. Ich hadere mit unserem Gesundheitssystem, das in Wahrheit eher ein Krankensystem ist, da an Krankheit mehr verdient wird als an Gesundheit. In diesem System steht der kaufmännische Direktor hierarchisch über dem ärztlichen Direktor, und das Geld steht über allem. Ich hatte mir schon öfter Gedanken darüber gemacht, wie ich aus diesem System rauskommen könnte, und in welchen Bereich ich gehen könnte, wo auch meine anderen Fähigkeiten mehr zum Tragen kommen könnten. Ich hatte nur keine Lösungen gefunden, wobei ich zugeben muss, dass ich oft auch schnell aufgegeben hatte. Aufgrund der Absicherung meiner Familie war für mich ein Wechsel auch nur bei einem passenden finanziellen Rahmen vorstellbar. Insgesamt stellte sich meine aktuelle berufliche Situation daher so dar, dass ich nicht unglücklich war, aber eben auch nicht wirklich zufrieden. Und ich hatte auch noch keine Vision für eine Veränderung gefunden.

Durch die größere Achtsamkeit veränderte sich ein Stück weit meine Wahrnehmung gegenüber meiner aktuellen beruflichen Tätigkeit. Mir wurde wieder bewusst, wie privilegiert ich doch bin, diese Tätigkeit ausüben zu dürfen. Allein, dass ich einen Beruf erlernen durfte, der meinem Wesen entgegenkommt, und nicht entgegenläuft. Eine Arbeitstätigkeit, die ich nicht nur ausüben muss, um überleben zu können, sondern auch noch Erfüllung darin finden kann. Dass ich in meiner aktuellen Tätigkeit täglich Menschen begegnen darf und viele dieser Begegnungen echt und authentisch sind. Für kurze Zeit zeigen sich mir die Menschen in all ihrer Verletzlichkeit – mit ihren Nöten, Ängsten, Verlusten, Verfehlungen und den feinen Nuancen des menschlichen Lebens, mit Abgründen, aber auch mit Mut und Würde. Ich darf in meiner Tätigkeit einen Blick unter den Teppich der Gesellschaft werfen, jenseits allen schönen Scheins, der nach außen hin präsentiert wird. Ich darf das echte

Leben bezeugen. Manchmal glaube ich, dass ich nach dieser Art von Begegnung süchtig geworden bin und daher in alltäglichen, eher oberflächlichen Kontakten keinen wirklichen Geschmack mehr finde. Dieses sich nun einfindende Bewusstsein in Bezug auf meine aktuelle berufliche Tätigkeit war unmittelbar verbunden mit einem Gefühl der Zufriedenheit und Dankbarkeit.

Achtsamkeit ist eng verbunden mit der Haltung, dass alles so sein darf, wie es ist. Doch neben dieser Haltung stand mein Wunsch nach Veränderung: Es darf und muss sich auch etwas ändern. Um eine Reise der Veränderung anzutreten, muss man zunächst wissen, wo man steht, und dann, wohin die Reise gehen soll. Wo also stand ich aktuell und wie ging es mir damit? Im Großen und Ganzen konnte ich auf diese Frage nur mit „gut" antworten. Ich durfte bisher insgesamt ein sehr gesegnetes Leben führen, da gab es für mich keine Zweifel. Aber bei einem differenzierteren Blick gibt es eben nicht nur weiß und schwarz, sondern viele Schattierungen. Und hier war es eben genauso wahr, dass es einige graue Flecken gab. Es waren nur kleine Punkte, doch möglicherweise entscheidend dafür, ob ich auf dem richtigen Weg war, meine Bestimmung zu finden.

Mein Leben war gesegnet und ich war dankbar dafür. Aber es war auch wahr, dass sich im Alltag eine gewisse Monotonie eingefunden hatte, und ich immer wieder den Eindruck hatte, dass Wesentliches in dem durchgetakteten Alltag zu kurz kam. Eine gewisse Unzufriedenheit bezog sich auf Äußerlichkeiten, also auf den äußeren Rahmen meines Lebensalltags. Aber auch im inneren

Bezugsrahmen gab es Unzufriedenheit. In mancherlei Hinsicht war ich unzufrieden mit mir selbst und der Art, wie ich mein Leben lebte. Meine ganze Lebenshaltung war ein wenig aus der Richtung geraten. Ich war insgesamt zu viel mit Äußerlichkeiten beschäftigt gewesen, mit lebenspraktischen Dingen wie Ernährung, Haus und Handwerk, aber auch mit unserer finanziellen Situation. Seit Jahren hoffte ich auf einen Lottogewinn, der natürlich nie kam. Die Diagnose mit der Drohung des Todes ermöglichte mir mein Denken wieder sinnvoller auszurichten. Was ich besaß oder besitzen könnte, sei es an materiellen Dingen oder sozialem Status, war angesichts des Todes bedeutungslos. Und ich spürte keinerlei Verlangen, in der Zeit, die mir blieb, in diesen Bereichen noch mehr zu erreichen.

Unzufriedenheit setzt das Wissen oder die Vorstellung darüber voraus, dass es etwas Besseres gibt. Die verschiedenen Facetten des Habens befriedigten meinen Lebensdurst angesichts des Todes nicht. Natürlich war das Wissen um einen gewissen finanziellen Rückhalt beruhigend, denn die verschiedenen Therapieansätze kosteten allesamt Geld. Auch dafür war ich dankbar, denn nur durch den finanziellen Rückhalt konnte ich bestimmte therapeutische Wege gehen. Aber das Geld war nur Mittel zum Zweck zu Gesundheit, und Gesundheit wiederum war für mich Medium zu erfüllter Existenz. Es ist nicht das Geld, das uns erfüllt, sondern das, „was uns unbedingt angeht" (ultimate concerns), wie es der Theologe und Religionsphilosoph Paul Tillich (9) nannte. Was also ging mich unbedingt an und erfüllte mich?

Sicherlich gibt es darauf verschiedene Antworten, aber eine meiner wesentlichen Antworten war: Verbundenheit. Verbundenheit mit mir selbst, Verbundenheit mit anderen Menschen und der Welt um mich herum, und schließlich im Letzten die Verbundenheit mit Gott.

Verbundenheit meint hier echte Verbundenheit. Das heißt, achtsam und präsent, in voller Bewusstheit. Wie erwähnt, hatte ich die Verbundenheit mit mir selbst in den letzten Jahren vernachlässigt. Ein Grund dafür war auch, dass mir das tiefe Bedürfnis danach gar nicht so bewusst war, es war verdeckt durch den Alltag. Manchmal spürte ich dieses Bedürfnis, doch die Ablenkungen des Alltags machten es leicht, es zu übergehen. Die Drohung des Todes hat es freigespült, ich konnte es deutlich spüren und wollte es nicht länger ignorieren.

Ich dachte in den letzten Jahren meist, dass es an den äußeren Bedingungen lag, dass ich zu vielem nicht mehr kam, was mir wichtig war. Nun erlebte ich, dass sich mit einer Veränderung meines inneren Rahmens auch der äußere Rahmen veränderte. Dadurch, dass ich der Verbundenheit mit mir selbst eine höhere Priorität gab, konnte ich kleine Veränderungen im Alltag herbeiführen. Von außen betrachtet waren es nur Kleinigkeiten, doch innerlich machten sie für mich einen spürbaren Unterschied. Beispielsweise ging ich an meinem Arbeitsplatz zu meiner 30-minütigen Mittagspause nicht mehr in die Kantine, schon allein, weil das Essen dort nicht zu meiner Ernährung passte. Ich nutzte die Zeit um 20-30 Minuten für mich allein draußen in einem kleinen Park spazieren zu gehen. Diese Zeit für mich allein in der Natur machte einen kleinen Unterschied. Sie war qualitativ viel hochwertiger als das warme Essen in der Kantine. Auch zu Hause wurde es Teil meiner Routine jeden Tag zumindest 30 Minuten allein spazieren zu gehen. In dieser Zeit konnte ich mich ganz mir selbst, meinen Gedanken und Gefühlen, zuwenden.

Schon immer kam ich beim Gehen in einen intensiveren Kontakt mit mir selbst. Dieser Kontakt gelingt dabei besonders einfach und innig. Ich kann gut nachvollziehen, weshalb für viele Denker, wie beispielsweise Immanuel Kant, der Spaziergang so wichtig war. Viele der zentralen Gedanken und Reflexionen dieses Buches entstanden während meiner Spaziergänge. Im Gehen kamen und gingen Gedanken, Eindrücke, Erinnerungen, Wünsche und Sehnsüchte. Oder wie Carl Zuckmayer diese Erfahrung ausdrückt: „Der Denkbeginn, das freie, unabhängige Vor-sich-hin-Denken, das wache Aufspüren unerwarteter Denkfährten, geht wohl am besten, wenn auch der Körper geht".

Neben der Zeit zum Spazierengehen nahm ich mir nun so gut wie jeden Abend, wenn Julia unseren Kleinen ins Bett brachte, auch ein wenig Zeit, um mich in unser Schlafzimmer zurückzuziehen, und mich dort hinzusetzen, mit mir in Kontakt zu kommen und zu beten. Ich weiß nicht recht, was die richtige Bezeichnung dafür ist, ob Meditation, Kontemplation oder Beten; die Bezeichnung ist in diesem Fall für mich nicht wichtig. Wichtig war allein, die bewusste Verbundenheit mit mir selbst und Gott, so schwierig sie auch immer wieder war.

Ganz wesentlich war für mich auch der Schritt zur Verwirklichung dieses Buches. Ich nahm mir jeden Abend etwas Zeit, um an diesem Buch zu schreiben. Dieses Buch ist ein Teil meiner Reise der Begegnung und Auseinandersetzung mit mir selbst. Es sind meine persönlichen Erfahrungen und Reflexionen, die hier zum Ausdruck kommen, und dieser Ausdruck allein, ist für mich eine erfüllende, sinnvolle Erfahrung. Das Schreiben hilft mir, meine Gedanken zu ordnen. Durch das Schreiben bekommen meine Gedanken eine sinnvolle Struktur und Zusammenhang. Manche Einsichten entstanden erst im Prozess des Schreibens. Meine Gedanken sind jedoch nicht genuin meine Schöpfung. Vielmehr greift mein Geist unbewusst assoziierend auf die vielfältigen geistigen Einflüsse zurück, die mein Denken und meine Haltungen in den letzten 30 Jahren entscheidend geprägt haben. Dies waren vor allem Bücher aus den Bereichen der Religion und Spiritualität, sowie der Existenzphilosophie und der humanistisch-existenziellen Psychotherapie. Besonders beeinflusst haben mich Karl Jaspers, Irving Yalom, Viktor Frankl und Paul Tillich. Viele weitere wesentliche Einflüsse durch Autoren zahlreicher Bücher und Begegnungen mit anderen Menschen kann ich leider nicht aufführen, da sie einerseits zu zahlreich und mir andererseits oft nicht mehr bewusst sind. Ich habe ihre Gedanken und Ideen in mich aufgenommen, habe sie verinnerlicht und sie sind damit ein Teil von mir geworden. Dieses Buch spiegelt also einerseits die Verbundenheit mit mir selbst wider, aber genauso die Verbundenheit mit anderen Menschen. Zudem ist es von der Hoffnung getragen, dass es eine Verbindung zu anderen Menschen aufbauen kann, dass die Leser von manchen Gedanken angerührt und verändert werden.

Eines der für mich prägendsten Bücher war vielleicht das kleine Werk *Liebesworte: Antworten auf Fragen Jugendlicher zu Liebe und Sexualität* von Majerus Mill (ich musste das Buch erst Googlen, um den kompletten Titel und den Autor nennen zu können). Damals, im Alter von 14 Jahren, war ich auf der Suche nach Orientierung. Dieses Buch prägte meine Einstellung zu Liebe und Sexualität maßgeblich. Ich weiß nicht, wie ich das Buch heute bewerten würde, doch als Jugendlicher war es für mich sehr wertvoll und richtungsweisend. Die Liebe als Ideal, und nicht der erotisch-sexuelle Abglanz von ihr, wurde zu einem zentralen Motiv in meinem Leben. Aus eigener Erfahrung kann ich daher bezeugen, dass Bücher die Macht haben, Lebenswege zu prägen.

Das erste Buch (bzw. Büchlein), welches ich selbst geschrieben habe, entstand während meiner Studienzeit und hatte den Titel *Der Weg der Liebe im Schatten der Angst*. Ich erinnere mich noch gut an diese Zeit, die erfüllt davon war, Einsichten über die Liebe und die Angst zusammenzutragen und in einen sinnvollen Zusammenhang zu bringen. Ob das Büchlein veröffentlicht würde, war zunächst zweitrangig; das Schreiben selbst schenkte mir Freude und Erfüllung. An diese Erfahrung konnte ich beim Schreiben des aktuellen Buches wieder anknüpfen.

Dieses Buch steht sinnbildlich für die untrennbare Einheit zwischen meiner Verbundenheit mit mir selbst und der Abhängigkeit meines Selbst von der Verbundenheit mit anderen Menschen. Es enthält meine Gedanken und Reflexionen, doch diese wurden von anderen Menschen geformt und inspiriert. Ich brauche andere Menschen, um mich selbst zu erkennen und wesentliche Impulse für meine Selbstwerdung zu erhalten. Unsere eigenen Gedanken drehen sich oft im Kreis – neue Erkenntnisse und Entwicklungen benötigen Impulse von außen. Unser Inneres braucht Inspirationen, um zu wachsen und sich zu verwirklichen, wie die Pflanzen das Wasser.

Wie stand es nun in meinem Leben um die Verbundenheit mit anderen Menschen, und was hat sich durch die Drohung des Todes verändert? Soziale Beziehungen waren für mich tatsächlich mein Leben lang sehr ambivalent. Und daran hat sich auch durch die Drohung des Todes wenig verändert. Manchmal fielen mir Begegnungen und gelebte Verbundenheit mit anderen Menschen leicht. In diesen Begegnungen war die Selbstöffnung einfach, und wie von selbst entwickelten sich Gespräche mit Gehalt, die mich berührten und bereicherten. Solche tiefgehenden Begegnungen waren für mich wie ein Lebenselixier und ein zentrales Motiv für meinen beruflichen Weg als Psychotherapeut. Die Momente tiefer menschlicher Begegnung – wenn die Masken fielen, man sich in all seiner Verletzlichkeit zeigen konnte und verstanden sowie angenommen wurde – habe ich nie bereut und mir nie gewünscht, diese Zeit anders verbracht zu haben. Nach einem solchen Gespräch fühlte ich mich immer erfüllt.

In meinem aktuellen Alltag waren solche Begegnungen seltener, als ich es mir gewünscht hätte. Tiefe, echte Begegnungen erfordern einen Rahmen, der von Sicherheit, Intimität, persönlicher Bereitschaft und dem richtigen Augenblick geprägt ist. Dieser Rahmen ist im Alltag oft nicht gegeben. Zudem sind solche tiefen Begegnungen die hellen Momente unseres Lebens, in denen wir wohl nicht durchgehend leben können – so wie wir nicht auf Dauer im gleißenden Sonnenlicht verweilen können. Es würde uns wohl erschöpfen. Daher gehören auch oberflächliche Begegnungen zum natürlichen Fluss des Lebens.

Zu meinem Bedauern fühlte ich mich in solchen oberflächlichen Begegnungen oft nicht besonders wohl, was die andere Seite der Wahrheit darstellte. Einerseits lebte ich von und für menschliche Begegnungen, andererseits war ich immer schon sozialängstlich und ging vielen sozialen Aktivitäten lieber aus dem Weg. Ich war in einer selektiven Weise selbstunsicher und fühlte mich in Gruppen und größeren Menschenmengen unwohl, besonders wenn ich vor vielen Menschen etwas sagen musste. Das hat sich bis heute so erhalten, auch wenn ich gelernt habe, „professionell" damit umzugehen, und mir die meisten Menschen wohl nichts anmerken. Auch Small Talk war nie meine Stärke. Der Grund war nicht, dass ich mich dafür zu gut fühlte. Neben meiner Unsicherheit hatte ich zu vielen Themen einfach auch zu wenig zu sagen. Ich las beispielsweise keine Zeitung und hörte keine Nachrichten. Einerseits hatte ich durch verschiedene Erfahrungen das Vertrauen in die Medien verloren, andererseits wollte ich mich nicht mit den überwiegend negativen Nachrichten belasten. Wer mit den aktuellen politischen und gesellschaftlichen Themen wenig vertraut ist, schränkt damit die zur Verfügung stehenden Gesprächsinhalte deutlich ein. Zudem versuchte ich schon lange, mich an den drei Sieben des Sokrates zu orientieren:

Zum weisen Sokrates kam ein Mann und sagte: „Höre, Sokrates, das muss ich Dir erzählen!" Da unterbrach ihn Sokrates: „Halte ein! Hast Du das, was Du mir erzählen möchtest, durch die drei Siebe gesiebt?" Da fragte der Mann verwundert: „Drei Siebe? Welche drei Siebe?" Da sprach Sokrates: „Lass sehen, ob das, was Du mir sagen willst, durch die drei Siebe hindurchgeht. Das erste Sieb ist das Sieb der Wahrheit. Bist Du Dir sicher, dass das, was Du mir erzählen möchtest, wahr ist?" Da sagte der Mann: „Nein, ich habe gehört, wie es jemand erzählt hat." Da sagte Sokrates: „Aber dann geht es doch sicher durch das zweite Sieb hindurch, das Sieb des Guten. Ist es etwas Gutes, das Du mir erzählen möchtest?" Zögernd antwortete der Mann: „Nein, das nicht. Im Gegenteil." Da sagte Sokrates: „Jetzt bleibt uns nur noch das dritte Sieb, das Sieb der Notwendigkeit. Ist es denn notwendig, dass Du mir erzählst, was Dich so aufregt?" Der Mann antwortet: „Nein, nicht wirklich notwendig." Da sagte Sokrates lächelnd: „Nun, wenn die Geschichte, die Du mir erzählen willst, nicht sicher wahr ist, nicht gut ist und nicht notwendig ist, dann vergiss sie besser und belaste mich nicht damit."

Wenn man jedoch diese drei Siebe im Alltag anwendet, dann erschöpfen sich viele Gespräche schnell. Ich war nie so forsch und konsequent wie Sokrates, meinen

Gesprächspartner zu unterbrechen und ihn mit den drei Sieben zu konfrontieren, aber ich war innerlich nicht mehr an dem Gespräch beteiligt, wenn ich den Eindruck hatte, dass der Gesprächsinhalt nicht durch die drei Siebe hindurchgehen würde.

Auch passte meine Lebenshaltung oft nicht besonders gut in die allgemeinen Gepflogenheiten der Gesellschaft. Meine Interessen und Überzeugungen wichen oft von denen der Mehrheit in meinem Umfeld ab, und viele Aktivitäten, bei denen die anderen Spaß hatten, bereiteten mir keine Freude. Ich mochte keine Jahrmärkte, Bierzelte, Tanzveranstaltungen, Partys oder Faschingsumzüge. Ich war weder in Vereinen noch Gemeinschaften aktiv. Meine Glaubensüberzeugung war prinzipiell christlich, wenngleich eigenwillig mit verschiedenen Einflüssen, und aus katholischer Sicht ketzerisch. Ich stand der Kindertaufe skeptisch gegenüber, ebenso der Kommunion und Firmung, und taugte daher auch nicht zum Taufpaten oder zum Firmpaten. Ich hatte oft das Gefühl den sozialen Gepflogenheiten nicht gerecht werden zu können, und teils wollte ich ihnen auch nicht gerecht werden. Zudem war es meinem Sozialleben sicher nicht zuträglich, dass ich oft in meiner Gedankenwelt versank und dabei soziale Aktivitäten vergaß. Ich meldete mich viel zu selten bei meinen Freunden und Bekannten und vergaß häufig wichtige Jahrestage. Zum Glück waren meine Freunde meist nachsichtig.

Was hatte sich durch die Diagnose und der damit verbundenen Drohung des Todes in meinen Beziehungen verändert? Nicht dramatisch viel. Es gab jedoch kleine

Veränderungen – einige führten zu mehr Verbundenheit, andere hingegen zu größerer Distanz.

Wie anfangs beschrieben, hatte ich oftmals den Eindruck, dass die innere Kluft zwischen mir und den Menschen um mich herum größer wurde. Die „gesunden" Menschen lebten in einer anderen inneren Wirklichkeit als ich. Ich fühlte mich oft wie in einer Zwischenwelt – einerseits noch mit Verbindung zum „normalen" Leben der Produktivität und Leistung, aber andererseits losgelöst von diesen Werten, die mir nachrangig erschienen. Die materielle Welt war mir ein Stück weit unbedeutend geworden.

Auch mein Ansatz zur Behandlung der Krebserkrankung war nicht schulmedizinisch; mehr als einmal gaben mir meine Onkologen zu verstehen, dass sie meinen Weg zwar tolerieren, aber nicht gutheißen. Auch hier fiel ich aus der Rolle des „guten Patienten", der brav den Empfehlungen und Anweisungen der Ärzte folgt, sondern ich war ein Sonderling, der eigene Wege ging. Ich fühlte mich daher oft verletzlich und zerbrechlich, und wollte mich und meine Überzeugungen nicht dem öffentlichen Urteil preisgeben. Daher wollte ich meist nicht über meine Erkrankung sprechen. Zudem hatte ich das Gefühl, diese Erkrankung so etwas wie festzuschreiben, wenn ich oft über sie sprechen und ihr übermäßig viel Raum geben würde. Auch wollte ich nicht im Mittelpunkt stehen und kein Mitleid bekommen. Es gab insgesamt vielfältige Gründe, weshalb in der Regel ein Mantel des Schweigens über meiner Erkrankung lag. Wenn ich keinen besonderen Anlass sah, war meine Antwort auf die

Frage nach meinem Befinden ein knappes „soweit gut", was ja nicht gelogen, aber auch nicht die ganze Wahrheit war.

Gleichzeitig war die Erkrankung für mich ein zentrales Thema geworden, über das man auch nicht so einfach hinweg gehen konnte. Yalom hat einmal über Gruppentherapie sinngemäß gesagt: Wenn in einer Sitzung ein wichtiges Thema vermieden wird, dann wird in dieser Sitzung überhaupt nichts Wesentliches besprochen. Vielleicht kann man diese Einsicht ein Stück weit auf die normalen Begegnungen des Alltags übertragen. Tatsächlich erlebte ich tiefer gehende Gespräche meist dann, wenn meine Erkrankung zuvor offen angesprochen wurde.

Mein Verhältnis zu Gruppen blieb schwierig. Ich fühlte mich in Gruppen noch weniger heimisch als schon vor der Diagnose. Aufgrund meiner strengen Ernährungsvorschriften waren selbst Verabredungen zum Essen umständlich, und meine Krebsdiagnose automatisch präsent, wenn Fragen nach meiner Diät aufkamen. Die Zeit, die ich in Gruppen verbrachte, war meist nicht erfüllend, und ich hätte sie lieber anders genutzt. In der Konsequenz ging ich Gruppen und sozialen Veranstaltungen noch mehr aus dem Weg wie schon zuvor.

Andererseits wurde ich mit meiner Diagnose Mitglied einer Untergrundgemeinschaft. Ich gehörte nun zu der Gemeinschaft der Kranken und akut vom Tod bedrohten Menschen. Viele dieser Mitglieder leben ein Leben außerhalb der gesunden Gesellschaft, und werden von der Gesellschaft der Gesunden auch nicht wahrgenommen. Die Gemeinschaft der Kranken existiert im Alltag gesunder Menschen kaum, sondern sie kennen sie nur aus der Ferne und aus Erzählungen. Für Gesunde ist die Gegenwart kranker Menschen oftmals schwer erträglich, sei es, weil sie sich hilflos und sprachlos fühlen, oder weil sie Angst davor haben, vom Leid zu sehr berührt und angesteckt zu werden. Die Kranken wiederum haben keinen Anteil mehr am Alltag der Gesunden, mit Arbeit, Produktivität, Sport und Freizeitleben mit unbekümmertem Spaß. Für die Kranken erscheint das geschäftige Treiben der Gesunden manchmal absurd, vielleicht sogar lächerlich, angesichts der Aufgaben und Ziele, durch die sie in Beschlag genommen und gestresst sind.

Die Gemeinschaft der Kranken war groß und vielfältig, und sie umfasste sowohl Unbekannte als auch Berühmte, Arme und Reiche, Gebildete und Ungebildete. Der drohende Tod machte uns alle gleich, stutze uns herunter von Rang, Namen und Wohlstand, denn all das war im Angesicht des Todes bedeutungslos. Wir alle waren einfach Menschen, die mit den existenziellen Begebenheiten unseres Seins konfrontiert waren, und wir alle hatten ähnliche Erfahrungen, Nöte, Bedürfnisse, Wünsche und Fragen. Ich las vermehrt in Büchern von Menschen mit schweren Erkrankungen, denen die Medizin das Attribut „unheilbar" gegeben hatte. Ich fand mich in ihren Berichten und Erfahrungen oft wieder, wurde von ihren Gedanken inspiriert und war berührt von ihrer Tapferkeit, ihrem Mut und ihrer geistigen Agilität. Über ihre Bücher spürte ich eine tiefe Verbundenheit und Zugehörigkeit zu diesen Menschen. Durch die Bücher konnte ich mich mit den Gedanken dieser Menschen verbinden, konnte in eine Art Kommunikation mit ihnen treten. Was uns ursprünglich verband, war die gemeinsame Erfahrung von schwerer Krankheit und Todesdrohung, unser Bemühen um Heilung, das Ringen um Sinn im Leiden und die Bewahrung menschlicher Würde auch im Scheitern.

Durch diese Erfahrungen gewann ich ein tieferes Einfühlungsvermögen in meine Patienten. Ich verstand zunehmend, was es bedeutet, schwer krank zu sein und den möglichen Tod vor Augen zu haben. Dadurch steigerte sich meine Fähigkeit, meine Patienten zu verstehen, was zu tieferen und authentischeren Beziehungen mit ihnen führte. Ich hatte keine Angst mehr, zu sehr von ihren erschreckenden Erfahrungen von Leid und Schmerz berührt zu werden, denn ich war selbst bereits mittendrin. Ich glaube, dass dies von allen Beteiligten als wertvoll erlebt wurde, und machte die Therapiesitzung schon zu einer sinnvollen Begegnung, selbst wenn sonst noch nichts geschehen war. Darüber hinaus bin ich aber auch der festen Überzeugung, dass dies zu besseren Therapiesitzungen beigetragen hat.

In der Konfrontation mit meiner begrenzten Zeit spürte ich den Wunsch nach möglichst echten, aufrichtigen und tiefgehenden Begegnungen. Eine Herausforderung bestand für mich darin, die Balance zu finden zwischen der Akzeptanz und Bewahrung meines Wesenskerns auf der einen Seite und der Notwendigkeit zur Veränderung sowie dem Mut zur Weiterentwicklung auf der anderen. So war es nicht mein Wesen und nicht mein Wunsch, ein Gruppenmensch zu werden. Mein Wunsch richtete sich auf persönliche Begegnungen von Mensch zu Mensch. Solche Begegnungen sind in der Regel nur unter bestimmten Bedingungen möglich, und auch nur, wenn das Gegenüber dafür offen ist. Daher war es für mich einerseits wichtig, mich zu schützen, klare Grenzen zu ziehen und wählerisch zu sein; ich musste nicht mit jedem Menschen in Beziehung treten. Andererseits war mir auch bewusst, dass es in mir Hemmungen und Hindernisse gab, die es mir schwer machten, mit anderen Menschen in Beziehung zu treten. Diese galt es zu erkennen und zu überwinden.

Eines dieser Hemmnisse war die mangelnde Achtsamkeit im Alltag, und seit meiner Diagnose war das Streben nach mehr Achtsamkeit ein zentrales Element meiner Heilung. Eine größere Achtsamkeit tat allen meinen Beziehungen in meinem Leben gut. So war die Beziehung zu Julia schon immer tief und erfüllend, mit viel Freude und Liebe. Allerdings wäre es gelogen zu behaupten, dass sich über die letzten 15 Jahre unserer Ehe und den drei gemeinsamen Kindern, mit all den damit verbundenen Aufgaben und Pflichten, nicht auch ein gewisser Alltag mit Monotonie eingeschlichen hätte. Es gab Zeiten, in denen er mehr ein Nebeneinander als ein echtes Miteinander war. Das durch die Diagnose geschärfte Bewusstsein um die begrenzte gemeinsame Zukunft machte unsere gemeinsame Zeit wieder kostbarer. Es schärfte die Sinne und führte zu einer Intensivierung des Bemühens, die Zeit, die wir haben, gut zu nutzen, das heißt, sich bewusst Zeit für sich als Paar zu nehmen, um sich achtsam zu begegnen und lebendig verbunden zu sein. Wir bemühten uns darum, dieser qualitativen Paar-Zeit wieder mehr Wichtigkeit beizumessen und nach möglichen Freiräumen zu suchen, und diese dann auch zu nutzen. Wir erkannten, dass es tatsächlich einige Unterstützungsangebote von Familie und Freunden gab, die wir bisher aus Zurückhaltung kaum in Anspruch genommen hatten. Diese versuchten wir nun aktiv in Anspruch zu nehmen, und auch, wenn es keine langen Auszeiten für uns waren, so reichte es doch, um mal für ein paar Stunden zu Wandern, in die Sauna zu gehen oder mal ein Konzert zu besuchen. Oder sich einfach nur abends die Zeit zu nehmen, um sich bei Kerzenschein, einem guten Glas Wein und unserer Lieblingsmusik zusammenzusetzen, wo sich ungezwungen Gespräche entwickeln konnten.

Allerdings war es ernüchternd zu erleben, wie zerbrechlich diese Veränderungen waren und wie schnell wir wieder in die Zeit des Nebeneinanders zurückfallen konnten. Nachdem es mir im Alltag weitgehend gut ging, war von meiner Krankheit und der Bedrohung unserer gemeinsamen Zukunft in der Regel nicht viel zu spüren. Wir konnten sie daher auch wieder vergessen. Schnell gab es wieder Abende, wie es zu meiner gesunden Zeit war, wo jeder auf einer Seite des Sofas seinen eigenen Aktivitäten nachging, ohne in wesentlichem Austausch zu sein. Teilweise kam mir das auch entgegen, da meine Zeit abends knapp bemessen war – zwischen gemeinsamen Abendessen, Kinder ins Bett bringen, Rückzug zum Beten, am Buch schreiben und Lesen, um neue Inspirationen und Nahrung für meine Seele zu finden oder mich mit meiner Erkrankung und Therapieoptionen auseinanderzusetzen. Die Abende waren oft zu kurz, und ich war immer wieder hin- und hergerissen zwischen dem Wunsch nach Verbindung mit Julia und dem Bedürfnis nach Zeit für anderes.

Ich kann daher gut nachvollziehen, wenn Arthur Frank (10) nach der Genesung von schwerer Krankheit schreibt, dass er befürchtete zu vergessen, wie es war, krank gewesen zu sein. Schwere Krankheit zeigt uns auf, was im Leben wirklich wichtig ist, und kann viele bedeutsame Veränderungen anstoßen. Doch diese wertvollen Einsichten und Veränderungen sind bedroht, sobald wir wieder gesund werden, sobald die Geschäftigkeit des Alltags zurückkehrt und die allgemeinen Werte der Gesellschaft wieder allgegenwärtig sind. Ich hatte im Kern meines Körpers eine schwere, tödliche Krankheit, aber äußerlich war ich gesund und fit. Um an den positiven Veränderungen dranzubleiben, musste ich mir immer wieder bewusst machen, dass mein Leben akut bedroht ist.

Ich bemühte mich um mehr Achtsamkeit in meinen Begegnungen mit mir selbst und anderen Menschen. Dies führte dazu, dass ich meinen eigenen Gedanken, Gefühle und Empfindungen gegenüber sensibler wahr, und mich bemühte, diese mehr gelten zu lassen, wie sie sind, und diese auch offen zeigen zu können. Mir wurde bewusst, dass es mir oft nicht so leicht fiel, meine Gefühle offen und ehrlich auszudrücken, da es tief in mir die Überzeugung gab, dass ich nicht richtig bin, wie ich bin, dass meine Gefühle und Wünsche eigentlich keine

Berechtigung haben. Die gesteigerte Achtsamkeit führte zu einem größeren Bewusstsein meiner wunden Punkte, die aus meiner Lebensgeschichte herrührten und ein weiteres wesentliches Hemmnis für die echte Verbundenheit mit mir selbst und meinen Mitmenschen darstellten. Denn wer nicht gut zu sich selbst sein kann, der kann auch anderen gegenüber nicht wirklich gut sein.

Wie kann man gut zu sich selbst sein, wenn man denkt, dass man nicht richtig ist, wie man ist? Selbst jetzt fiel es mir noch schwer, mich vom Arzt krankschreiben zu lassen, obwohl ich eine tödliche Krankheit hatte und eine wichtige Behandlung bevorstand, die ich in den Alltag einer Vollzeittätigkeit nicht integrieren konnte. Trotz allem hatte ich das Gefühl, dass es mir eigentlich nicht zustand, mir Zeit für mich zu nehmen, und dass ich mich dafür rechtfertigen und plausible Erklärungen finden musste.

Der Ursprung dieser wunden Punkte lag in meiner Kindheit. Obwohl ich mich schon wiederholt mit diesen auseinandergesetzt hatte, waren sie noch nicht völlig geheilt, vielleicht ist das auch nicht möglich und nicht nötig. Solange sie zwar immer wieder schmerzen, aber meine Verbundenheit nicht untergraben, kann ich damit gut leben. Aktuell gab es jedoch bestimmte Situationen, in denen ich unangemessen emotional reagierte, was meine Beziehungen in diesen Situationen beeinträchtige. Deshalb suchte ich Unterstützung bei einem Kollegen, um nachzuspüren, was in diesen Situationen im Untergrund wirkt und welche Veränderungen auf meiner Seite noch nötig sind.

Ein zentraler Punkt, den mir mein Therapeut früh zurückspiegelte, war der einfache, aber heilsame Impuls im Hier und Jetzt: Es steht mir zu. Ich darf etwas für mich fordern, und mir Freiheit für mich herausnehmen. So hatte ich in der letzten Zeit immer wieder den Eindruck, dass meine Freiheit von der Verantwortung erstickt wird. Dass ich in den selbstauferlegten Verpflichtungen als Familienvater und Partner keine eigene Freiheit mehr finden konnte, ohne als Partner oder Vater zu versagen. Freiheit und Verbundenheit wurden zu Widersachern. Dabei war Freiheit ein weiteres wesentliches Lebenselixier für mich. Meine inneren Überzeugungen und Werthaltungen waren im Konflikt miteinander.

Dazu kam der Gegensatz von Freiheit und Sicherheit. Diesen unlösbaren Konflikt in unserem Streben nach Sicherheit und Freiheit hatte ich mit meinen Patienten schon oft besprochen. Und doch hatte auch ich nun, genau wie meine Patienten, mit diesem existenziellen Konflikt zu kämpfen. Als Familienvater gewann das Streben nach Sicherheit an Gewicht – auf Kosten meiner Freiheit. Aber auch auf einer persönlichen, tieferen Ebene, hemmte mich schon mein Leben lang das Bedürfnis nach Sicherheit. Der Musiker „Passenger" bringt es im Lied *Wrong Direction* treffend auf den Punkt: „I'd love to feel love but I can't stand the rejection. I hide behind my jokes as a form of protection". Sich Verstecken ist der Versuch sich vor Zurückweisung zu schützen. Immer wieder versteckte ich meine wahren Gedanken und Gefühle hinter einer Mauer aus Zurückhaltung, Bedächtigkeit oder Oberflächlichkeit. So war ich sicher, aber nicht frei, und nicht in Verbundenheit. Sogar Julia gegenüber war ich nicht immer völlig ehrlich, da ich konfliktscheu und harmoniebedürftig bin. Tief in mir weiß ich, dass man der Liebe nur gerecht werden kann, wenn man auch unbequeme und schmerzhafte Dinge ausspricht, wenn sie wichtig sind. Es ist jedoch immer wieder schwierig, das in die Tat umzusetzen, was man bereits verstanden hat.

Jeder Mensch ist eine „Person“. Das Wort Person wird gebildet durch „Per“ („hindurch“) und „Sonare“ („Tönen oder Klingen“). Eine Person ist demnach das, was „durch die Maske hindurchtönt“. Sokrates sagte: „Sprich, damit ich Dich sehen kann!“. Das, was einen Menschen als Person ausmacht, ist für die Augen unsichtbar. Es wird erst sichtbar, wenn sich die Person „mitteilt“, wenn sie ihr Inneres durch Sprache offenlegt. Wenn wir nicht offen und ehrlich über das sprechen, was uns bewegt, welche Gedanken und Gefühle wir haben, können wir als Person nicht wirklich erkannt werden. Ich habe vielleicht soziale Beziehungen, aber ich bin in diesen Beziehungen nicht als „Ich selbst“ präsent, sondern nur als äußere Hülle. Vielleicht sage ich etwas, doch in dem, was ich sage, spiegelt sich nicht mein wahres Selbst wider – ich äußere nur Worte, von denen ich glaube, dass mein Gegenüber sie hören möchte, oder mit denen ich einer bestimmten sozialen Rolle entspreche. Wenn ich mich nicht traue, mich zu zeigen, dann bin ich in den Beziehungen auch nicht präsent, dann werde nicht „Ich“ von meinem Freund geschätzt und gemocht, sondern nur meine „Rolle“ und der äußere Schein. In solchen Beziehungen kann ich keine echte Verbundenheit spüren.

Was könnte schlimmer sein, als niemals echte Verbundenheit zu erfahren, von niemandem wirklich gekannt zu werden, weil man sich nie aus seiner Festung herausgewagt hat – und schließlich einsam zu sterben? Um als Person erkannt und geliebt werden zu können, muss ich die Gefahr der Selbstoffenbarung eingehen. Und die Aussöhnung mit dem Tod kann mir dabei helfen. Wenn ich mich dem Tod stellen kann, ihn akzeptieren und willkommen heißen kann, verlieren dann nicht alle anderen Gefahren an Schrecken? Was ist dann noch schlimm daran, wenn mich jemand komisch findet oder kein Verständnis für meine Überzeugungen und Lebensweisen hat? Das Einzige, was angesichts des Todes zählt, ist mit mir und meinem Gott im Reinen zu sein. Die Auseinandersetzung mit dem unvermeidbaren Tod und seine Akzeptanz können mich unverwundbar gegenüber den Bedrohungen der Welt machen. Die Akzeptanz des Todes kann den Mut stärken, sich der Welt offen zu zeigen, um echte Verbundenheit zu erreichen. Ich muss es heute wagen, denn ich weiß nicht, ob ich morgen noch die Chance dazu habe. Andererseits kann aber genau die Verbundenheit zu dem geliebten Gegenüber dazu führen, dass man den Tod fürchtet, und ihn nicht akzeptieren kann, da der Tod die Trennung vom Geliebten bedeutet. Wir Menschen können den unauflösbaren Gegensätzen des Lebens wohl nicht entkommen.

Die Heldengeschichte von Achilles kann in diesem Sinne interpretiert werden. Der äußere Rahmen der Geschichte ist schnell zusammengefasst. Der Legende nach wird Achilles von seiner Mutter Thetis, einer Meeresnymphe und Tochter des Meeresgottes Nereus, in den Unterweltfluss Styx getaucht, was Achilles unverwundbar machte. Nur die Ferse, an welcher seine Mutter ihn festhielt, wurde vom Wasser nicht benetzt, und blieb daher verwundbar. Achilles wird schließlich zum tapfersten aller griechischen Helden. Nur mit seiner Hilfe konnte der trojanische Krieg gewonnen werden, wo Achilles allerdings auch seinen Tod fand, weil ihn ein Pfeil in seiner verwundbaren Stelle an der Ferse trifft. Die Erzählungen unterscheiden sich in den genauen Umständen, die zum Tod Achilles führten. Einige handeln davon, dass Achilles sich verliebt hatte, und seinen Tod findet, als er um die Hand der Geliebten anhält.

Wie kann diese Geschichte interpretiert werden, sodass sie einen Bezug zu unserer Lebensrealität bekommt? Achilles wird unverwundbar, als er in die Styx eintaucht. Die Styx stellt in der griechischen Mythologie die Grenze zwischen der Welt der Lebenden und dem Reich der Toten dar. An der Grenze ist man nicht mehr im Reich der Lebenden, aber auch noch nicht im Reich der Toten. Dies entspricht häufig der Erfahrung von Menschen, die mit schwerer Krankheit konfrontiert und vom Tod bedroht sind: nicht mehr richtig lebendig, aber auch noch nicht tot. Die Styx mag symbolisch für diese Grenzerfahrung stehen. Das, was Achilles in dieser Grenzerfahrung festhält, ist die Liebe und Fürsorge seiner Mutter. Gleichzeitig führt diese liebevolle Verbindung zu seinem wunden Punkt, wo er verwundbar bleibt. Nach dieser Grenzerfahrung hat sich Achilles mit dem Tod ausgesöhnt, fürchtet sich nicht länger vor Tod und

Verlust und ist dadurch „unverwundbar" gegenüber den Bedrohungen der materiellen Welt. Er wird zum tapfersten Helden. Verwundbar ist er jedoch, als er sich verliebt und sich dadurch wieder an die materielle Welt bindet. Die Liebe beinhaltet Verletzlichkeit, wenn wir den Verlust eines geliebten Menschen fürchten. Durch die Liebe erfährt Achilles wieder Sorge und Angst, und der Tod, als letztlich unvermeidbare Trennung von dem geliebten Menschen, erhält wieder seinen Schrecken.

Tiefe Verbundenheit entsteht oft erst durch den Mut, sich anderen in seiner ganzen Verletzlichkeit zu offenbaren. Das heißt, sich dem Gegenüber schonungslos offenbaren zu können, auch das, was einem selbst als schlecht und falsch erscheint, wofür man sich schämt und sich selbst verurteilt. Nichts wirkt befreiender und heilsamer, als zu erfahren, dass auch diese Anteile von einem anderen Menschen angenommen und vielleicht sogar geliebt werden können. Es braucht jedoch den Mut zum ersten Schritt der Offenlegung. Die Auseinandersetzung mit meiner Sterblichkeit kann mir dabei helfen. Der vor der Tür stehende Tod führt mir eben auch vor Augen, dass ich Perfektion nicht mehr erreichen werde und auch nicht perfekt werden muss. So wie ich heute bin, muss gut genug sein, trotz aller Unzulänglichkeiten. Ich muss nicht perfekt sein – nur ich selbst. Es geht um radikale Selbstakzeptanz, um Großzügigkeit und Mitgefühl, auch sich selbst gegenüber.

Ein zentrales Thema meines alternativen Therapieansatzes (neben den Themen Ernährung und Entgiftung) betrifft die Prüfung, ob das eigene Leben als glücklich erlebt wird. Es gilt, alle Hindernisse auf dem Weg zum eigenen Glück zu erkennen, zu beseitigen und alles zu tun, um ein glückliches Leben zu führen. Meine erste Einschätzung zu diesem Thema war, dass ich hier nicht allzu großen Handlungsbedarf haben dürfte. Mein Verstand sagte mir, dass ich ein privilegiertes Leben führe, für das ich dankbar und mit dem ich zufrieden sein sollte. Aber ich wusste auch, dass die Frage auf tiefere Ebenen abzielt, bei der es nicht nur um eine verstandesmäßige Einstellung und Bewertung geht, sondern um Gefühle und eine positive Energie. Erfreute ich mich an meinem Leben, und sah ich meinem Tag mit einer freudigen Erwartung entgegen, wenn ich morgens aufstand? Das musste ich mit Nein beantworten. Ich war eher lethargisch, brauchte morgens eine Weile, bis ich in die Gänge kam, und viele Aktivitäten des Alltags kosteten mich Überwindung.

Ich war mir jedoch unsicher, ob dies daran lag, dass ich meinen ursprünglichen Wünschen, Neigungen und Bedürfnissen zu wenig Raum gab, oder ob es mehr die Belastungen meines Körpers waren, die mir Energie raubten. Mir fehlte meist die Energie zu allem; selbst Aktivitäten, die mir eigentlich Freude bereiteten, ging ich nicht mit energetischem Tatendrang an, sondern war auch da im Schongang. Heute glaube ich, dass beides eine Rolle spielt. Durch die Ernährungsumstellung hatte ich mehr Energie, und allein das machte mein Leben lebendiger, mit mehr Leichtigkeit und Freude. Gleichzeitig hatte ich immer noch das Gefühl, dass ich etwas von meinem Lebensweg abgekommen war. Das, was mich erfüllte und ausmachte, war in meinem aktuellen Leben zu wenig präsent. Gleichzeitig musste ich mir erst klar darüber werden, um was es eigentlich geht. Glücklich, wer weiß, was sein Leben erfüllt, und sich dem widmen kann.

Ich musste mir daher eingestehen, dass diese Frage durchaus eine Relevanz auf meinem Heilungsweg hat. Gleichzeitig tat ich mir mit der Prämisse des „Strebens nach Glück“ schwer. Natürlich wollte auch ich glücklich sein, doch ich wusste von Berufswegen, dass Glück ein kompliziertes Konstrukt ist, mit paradoxen Eigenschaften. So zeigt die Glücksforschung, dass man eher unglücklich wird, umso mehr man nach Glück strebt. Das direkte Streben nach Glück ist kein guter Weg zum Glück. Eher zeigt sich, dass der dänische Philosoph Søren Kierkegaard recht hatte, als er sagte, dass die Tür zum Glück nach hinten aufgeht; um hineinzugelangen, muss man drei Schritte zurücktreten.

Ich persönlich sehe Glück ähnlich wie das Konstrukt der Gesundheit: prinzipiell positiv und wünschenswert, aber nicht das höchste Gut. Vielmehr sehe ich die Tendenz, diese beiden als höchste Werte zu setzen, als kritisch an, und möchte einen solchen Weg nicht beschreiten. Wenn man das eigene Glück als höchsten Bewertungsmaßstab setzt, beinhaltet das nach meinem Dafürhalten große Gefahren, wie beispielsweise das nur noch Ich-Bezogene Ausleben von eigenen Wünschen und Bedürfnissen, auf Kosten tragender Werte und Beziehungen.

Wichtiger als das Streben nach Glück sind für mich die Themen Dankbarkeit, Achtsamkeit, Verbundenheit sowie das Finden und Verwirklichen der eigenen Bestimmungen. Zu wissen, was mich „unbedingt angeht", und darauf mein Leben neu auszurichten und zu versuchen, diese zu verwirklichen. Hieraus entstehen für mich positive Visionen und positive Energien. Oder wie Viktor Frankl es zum Ausdruck brachte: Der Mensch will nicht glücklich sein, sondern was er wirklich will, ist ein Grund zum Glücklichsein.

Letztlich geht es hier für mich weniger um die Frage nach Glück, sondern mehr um die Frage nach dem Lebenssinn. Sinn hat etwas mit einer Lebensausrichtung zu tun, mit dem Einschlagen und Gehen eines bestimmten Weges. Und hier greife ich zurück auf den Anfang des Kapitels, wo es genau um diese Frage geht, ob ich von meinem Lebensweg abgekommen bin, ob ich dabei bin, den Sinn meines Lebens zu verfehlen.

Welche Antworten habe ich also bis heute auf die Frage gefunden, was mich unbedingt angeht, was mein Weg und meine Bestimmungen sind? Natürlich sind die Antworten auf diese Frage vielfältig; ich habe noch nicht alle Antworten gefunden, und die Antworten, die ich gefunden habe, kann ich nicht alle wiedergeben. Es ist auch nicht so, dass es vor der Erkrankung keine tragenden Antworten gab. Im Laufe der Zeit sind mir nur einige wesentliche Dinge verloren gegangen – oder vielleicht nicht verloren, sondern nur in den Hintergrund gerückt. Wenn ich auf meinen Lebensweg zurückblicke und nach den sinnerfüllten Zeiten meines Lebens Ausschau halte, dann kann ich die wiederkehrenden Themen entdecken, die sich auch in diesem Kapitel wiederfinden.

Da war einmal von Jugend an die tiefe Sehnsucht nach echter Verbundenheit und wahrer Liebe. Die lichten Momente, in denen ich dieses Erleben durfte, hatten die Kraft, um die Ausrichtung meines Lebens in einen therapeutischen Beruf zu prägen. Es führte zu dem bis heute bestehenden Bemühen darum, ein mitfühlender und liebevoller Mensch zu werden. Meine wunderbare Familie ist ein Geschenk, das in diesen Erfahrungen seine Wurzeln hat.

Als junger Erwachsener durfte ich erfahren, wie heilsam bewusste Zeit allein sein konnte, besonders wenn ich als Wanderer unterwegs war. Schwer verletzt durch unerfüllte Liebe, unternahm ich allein eine Reise nach Meran, um zu wandern, Herman Hesse zu lesen und meinen Gedanken nachzuhängen. Als ich zurückkam, gab es wieder eine offene und helle Zukunft für mich, und die Wunden begannen zu heilen. Seit dieser Zeit ist das Motiv des Pilgers ein Teil meiner Identität geworden. Mit mir auf dem Weg zu sein, frei und ungebunden, auf der Suche nach Verbundenheit und Heilung, aber auch das Aushalten von Einsamkeit.

Der Beginn meines Studiums und der damit verbundene Umzug nach Trier waren für mich wie der Aufbruch in mein „eigentliches" Leben und das Finden meiner „geistigen Heimat". Ich war mit mir allein auf einer Reise in eine neue Welt. Die Möglichkeit der freien Entwicklung meiner Neigungen, die Begegnungen mit „Schwestern und Brüdern im Geiste" und die Selbstbestätigung der eigenen geistigen Fähigkeiten beinhalteten für mich Freude und Erfüllung. Es gab Raum und Nahrung für meine Sehnsucht nach der geistigen Auseinandersetzung mit philosophischen, psychologischen und spirituellen Themen. Und ich entdeckte die Freude, die durch das Schreiben eines Buches entstehen kann.

Heute bin ich mir wieder bewusster, wer ich wirklich bin – und wer nicht. Es ist nicht in meinem Wesen angelegt, in Produktivität und Tatkraft meine Erfüllung zu finden. In meiner Kindheit und Jugend war ich ein Träumer und wollte einfach nur spielen. Ich hatte wenig Interesse an Arbeit und handwerklicher Tätigkeit, und passte damit nur eingeschränkt in meine Familie, die auf einem kleinen Dorf im Allgäu seit Generationen einen handwerklichen Betrieb besaß. Ich war der Sonderling, der „Softie", der sich gerne vor tatkräftigen Aufgaben drückte. Mit der Zeit zeigten sich meine Interessen und Talente in der Leichtathletik, in den Naturwissenschaften, Musik, Religion und Philosophie, aber das waren nicht die Themen, die in meiner Familie von wesentlicher Bedeutung waren. Ich höre heute noch die Worte meiner Oma: „…gogen und …logen – damit kannst du mir gestohlen bleiben!" Damit war gemeint, dass alle Berufe mit diesen Endungen keinen großen Wert haben. Es hielt mich nicht davon ab, Psychologe zu werden. Und doch versuchte ich über die Zeit den Spagat zu schaffen, und auch den Wertvorstellungen meiner Familie zumindest annähernd gerecht zu werden. Ich absolvierte mit gutem Ergebnis eine handwerkliche Ausbildung und begann mich für vielerlei handwerkliche Tätigkeiten zu interessieren. Gemeinsam mit Julia kaufte ich ein altes Haus und übernahm einen Großteil der Renovierungsarbeiten selbst. bemühte mich, „Haus und Hof" in gutem Zustand zu halten, und machte mir viele Gedanken darüber. Ich konnte diesen Ansprüchen jedoch nur bedingt gerecht werden und erkannte, dass man nicht mehrere Wege gleichzeitig beschreiten kann. Mir fehlte dadurch die Zeit für die Dinge, die mir eigentlich wirklich wichtig waren. Spirituelle, philosophische und psychologische Bücher zu lesen, zu wandern und meinen Gedanken nachzuhängen, zu Träumen, und mich mit anderen Menschen über diese Themen auszutauschen. Seit meiner Diagnose finde ich nun wieder verstärkt zu meinem Wesenskern zurück. Auch wenn ich die Handwerkskunst weiterhin sehr schätze und noch immer die Absicht habe, für einen meiner Söhne ein Schlagzeug zu bauen.

Ich glaube daher, dass es für mich gar nicht so sehr darum geht, neue Bestimmungen zu finden, sondern den zentralen Themen meines Lebens wieder mehr Raum zu geben. Ich möchte meine ureigenen Interessen und Neigungen wieder leben, und sie nicht auf eine ungewisse Zukunft verschieben. „An manchen Tagen bin ich mir sicher, auf dem richtigen Weg zu sein; doch dann tauchen auch wieder Zweifel auf. Letzten Endes bleiben die Gegensätze bestehen, innerhalb derer sich mein Leben entfaltet. Der drohende Tod erschüttert mich, er macht mir weiterhin immer wieder auch Angst, führt mir meine Zweifel vor Augen und konfrontiert mich mit einem Gefühl der Hilflosigkeit; aber er macht mich auch wach, macht mich lebendig und mutig. Er zwingt mich, loszulassen, aber auch festzuhalten an dem, was mir wichtig ist. Ich suche tiefe Verbundenheit mit anderen Menschen, aber ich brauche auch die Freiheit des für mich allein sein. Vielleicht liegt der Schlüssel zu Erfüllung und Heilung im ausgleichenden Pendeln zwischen diesen Polen.

Ich bin also nicht am Ziel, bin noch nicht zu dem geworden, der ich sein soll, sondern ich bin im Prozess des Werdens. Ich glaube, es liegt im Wesen unseres Menschseins, immer auf dem Weg zu sein – unser Wesen ist Auf-dem-Weg-Sein; Mensch-sein heißt immerzu Mensch-werden. Meine Selbstwerdung bleibt eine fortwährende Aufgabe. Der drohende Tod hat mich wachgerüttelt und mir gezeigt, dass ich meinen Weg bewusst gehen sollte – dass ich eine klare Richtung und Ausrichtung auf die wesentlichen Aspekte meines Lebens brauche. Und dass ich heute auf meinem Weg gehen muss, und nicht auf morgen warten kann.

Der Tod ist der Stern, der einem Reisenden auf dem Lebensweg Orientierung gibt. Erst der Tod verleiht den Handlungen des Augenblicks Dringlichkeit und lässt uns den Wert des Lebens erkennen. Was angesichts des Todes wesentlich bleibt, sind die wirklich wichtigen Dinge in meinem Leben. Deshalb gilt es, den Tod nicht zu verdrängen, sondern ihn lebendig im Bewusstsein zu halten. In diesem Sinne schreibt auch der an Krebs erkrankte Arthur Frank (10): „Solange die Vergänglichkeit in meinem Bewusstsein bleibt, versuche ich soweit möglich das Leben zu verwirklichen, das ich eines Tages gern gelebt hätte. … Wenn ich glaube, nicht genug Zeit zu haben, um hinauszugehen und das Sonnenlicht auf dem Fluss zu betrachten, ist meine Genesung zu weit fortgeschritten.“

Heilung und Spiritualität

Wenn ich von Spiritualität spreche, bleibt zunächst unklar, was genau damit gemeint ist. Spiritualität ist ein Begriff, der zwar häufig verwendet, aber schwer zu fassen ist. Eine allgemeingültige Definition gibt es nicht. Ich sollte daher kurz umreisen, was ich persönlich unter Spiritualität verstehe. Der Begriff Spiritualität leitet sich vom lateinischen „Spiritus" ab, was Geist, Atem oder Sinn bedeutet. Für mich ist Spiritualität eng mit dem „göttlichen Geist" verbunden – mit einem gelebten Glauben und daher einem lebendigen Bezogen-Sein auf den göttlichen Urgrund allen Seins. Es gibt auch Sichtweisen auf Spiritualität, die ohne Gott auskommen – spirituelle Wege, die sich allein auf die Schulung des menschlichen Geistes konzentrieren, etwa auf die Entwicklung von Geistesruhe, Konzentration, geistiger Präsenz und

Mitgefühl. Ich finde diese Geistesqualitäten positiv und erstrebenswert; ohne das Element des Göttlichen kann ich persönlich solche „spirituellen Praktiken" zwar als sinnvolle Lebensübung betrachten, aber nicht als wahre Spiritualität. Für mich hat Spiritualität zutiefst mit Verbundenheit zu tun – etwas, das viele Experten ebenfalls als den Kern der Spiritualität betrachten. Im Zentrum steht für mich die Verbundenheit mit Gott, und da Gott der Urgrund allen Seins ist, auch die Verbundenheit mit meinen Mitmenschen, mit allen Wesen und der ganzen Welt, und auch die Verbundenheit mit mir selbst. Wesentlich für Spiritualität ist für mich auch die Bezugnahme auf die Dimension der Zeit – auf das Woher und das Wohin. Die großen spirituellen Traditionen beschreiben unser Woher in ihren Schöpfungsmythen und leben in irgendeiner Form aus einer Überlieferung von persönlichen Gotteserfahrungen. Und in vielen spirituellen Traditionen nimmt die Endlichkeit des Menschen einen zentralen Platz ein – der Tod, und das, was nach dem Tod kommen mag. Buddha bezeichnete die Meditation über den Tod als den Königsweg. In der christlichen Tradition wurde das „memento mori" bekannt – „Bedenke, dass du sterben wirst" – als Hilfe, das Leben richtig zu leben, auch wenn es unterschiedliche Ansichten darüber gibt, was „das Richtige" ist.

Ein Kapitel über Spiritualität zu schreiben könnte nicht unproblematisch sein. Ich habe weder eine theologische Ausbildung, noch bin ich ein spiritueller Lehrer. Es ist mir wichtig zu betonen, dass hier keine offizielle Lehrmeinung und kein Leitfaden für spirituelle Entwicklung dargestellt werden soll. Die Gedanken in diesem Kapitel stellen allein meine persönlichen Gedanken und Erfahrungen auf meiner Suche dar. Es geht mir nicht darum, ein „so ist es richtig“ darzustellen, sondern ein „so erlebe ich es, so macht es für mich Sinn“. Ich glaube, dass jeder Mensch, der ein religiös-spirituelles Leben führt, wesentliche Erfahrungen und Gedanken haben kann, die einen Aspekt der göttlichen Wirklichkeit widerspiegeln. Gedanken, die andere Menschen berühren und dabei helfen können, Gott anders oder neu zu entdecken und seinen eigenen Weg zu finden.

Ich habe tiefe religiös-spirituelle Wurzeln. In meiner Kindheit und Jugend war ich stark in unserer kleinen christlichen (katholischen) Gemeinde eingebunden und aktiv, und in meiner Jugend und frühen Erwachsenenzeit habe ich mich viel mit Religionen und Spiritualität beschäftigt. Zunächst mit dem christlichen Glauben, bis mich mein Weg über die Befreiungstheologie schließlich immer kritischer gegenüber den katholischen Dogmen werden ließ, und ich mehr zu eigenem Denken und Prüfen angeregt wurde. Dies führte mich zur Beschäftigung mit anderen Weltreligionen und dazu, dass ich ursprünglich einmal vergleichende Religionswissenschaften studieren wollte, mit dem Schwerpunkt Buddhismus, und mit den Nebenfächern Philosophie und Psychologie. Dann jedoch kamen meine Erfahrungen als Zivildienstleistender in einer psychosomatischen Klinik dazwischen, erfüllende Begegnungen mit den Patienten, und ich schlug den Weg zur Psychologie/Psychotherapie ein. Das sehr empirisch-wissenschaftlich orientierte Psychologiestudium förderte jedoch einseitig meinen rationalen, naturwissenschaftlich orientierten Verstand, der analytisch denkt, und empirische Beweise möchte. Die Botschaft der universitären Ausbildung war eindeutig: Entscheidend ist eine analytische Vorgehensweise und eine rationale Grundüberzeugung. Dagegen stand eine als irrational und abergläubisch betrachtete Lebenshaltung, die von oben herab ironisch kommentiert und belächelt wurde. Dazu gehörten auch religiöse Anschauungen. Die wesentliche Botschaft war, dass sich wissenschaftliche Psychologie und irrationale Religion nicht vertragen.

Die Erfahrungen während meiner Ausbildung machten mein Verhältnis zu meinem Glauben komplizierter. Einerseits war mein Glaube stark und bedeutend, andererseits trat der gelebte Glaube in den Hintergrund. Innere Konflikte entstanden vor allem in meiner Arbeit als Psychotherapeut. Ich sah mich als wissenschaftlich orientierten Psychologen, der auf keinen Fall irrational oder abergläubisch wirken wollte. Dazu kamen Warnungen, dass es in dem Therapeut-Patient-Gefälle leicht zum Überstülpen von persönlichen Glaubensvorstellungen des Therapeuten auf den Patienten kommen kann (einem sogenannten weltanschaulichen Oktroi), da Patienten aufgrund ihrer Notlage sehr empfänglich für alle Ansichten des Therapeuten sind. Ich bemühte mich daher, Religiosität und Spiritualität aus den therapeutischen Gesprächen mit meinen Patienten herauszuhalten. Ich fühlte mich unwohl, sobald religiös-spirituelle Themen in den Therapiesitzungen aufkamen, als würde ich verbotenes Terrain betreten. Innere Konflikte gab es aber auch in meinem spirituellen Privatleben. Mein Glaube trat in den Hintergrund: Ich war gläubig, lebte meinen Glauben jedoch kaum noch. Mit dem regelmäßigen Kirchgang hatte ich schon als junger Mann gebrochen, da mir die Messe wenig gab und ich an den dogmatischen Inhalten und Riten Anstoß nahm. Ich vermisste jedoch die persönliche Einkehr im Gebet, was in meinem Alltag auch keinen Platz mehr hatte. In der Prioritätenliste war es zu weit nach unten gerutscht, und ich sagte mir, dass ich keine Zeit dafür hätte. Heute muss ich mir eingestehen, dass es nicht am Zeitmangel lag, sondern an einem inneren Zwiespalt. Wenn ich persönliche Glaubensüberzeugungen äußerte oder mich zum Beten zurückzog, fühlte ich mich angreifbar und verletzlich, da ich ein Terrain betrat, das von meinen fachlichen Autoritäten belächelt wurde. Eines meiner persönlichen und beruflichen Vorbilder ist der berühmte amerikanische Psychotherapeut und Schriftsteller Irvin Yalom. Er schreibt in mehreren Büchern davon, dass er selbst völlig areligiös sei, und macht deutlich, dass für ihn Religiosität letztlich nur eine Form der Abwehr gegen die Angst des Todes ist. Für mich kommt damit zum Ausdruck, dass Religiosität das Hilfsgerüst der Menschen sei, die zu schwach sind, um sich den harten Fakten des Lebens schonungslos zu stellen. Das machte es für mich nicht leichter, ein natürliches Verhältnis mit meiner Spiritualität zu finden. Obwohl ich in diesem Punkt eine andere Überzeugung als Yalom hatte, wirkte sein Einfluss sicherlich im Untergrund weiter.

Der Glaube an Gott und an eine Verbindung zwischen Gott und den Menschen hat es heute, in einer wissenschaftlich-materialistischen Welt schwer. Es fällt uns schwer, an Dinge zu glauben, für die es keine wissenschaftliche Erklärung gibt, die keine materielle Basis haben. Daher steht auch der „freie Wille des Menschen" zur Diskussion, da das Gehirn die materielle Basis für den Willen bildet – und in der naturwissenschaftlich determinierten Welt der Materie gibt es keine Freiheit. In der Welt der Materie gibt es nur Ursache und Wirkung, nicht freie Wahl. Demgegenüber steht jedoch unser unmittelbares Selbstverständnis, dass wir frei sind, beispielsweise, wenn moralische Ansprüche an uns gestellt werden, und wir mit unserer Entscheidung ringen.

Die Verbindung zu Gott ist ebenfalls eine geistige Wirklichkeit die keine materielle Basis hat, und die daher für unseren empirisch orientierten Verstand schwer fassbar ist. Was soll das für eine Verbindung sein, die über eine lediglich gedankliche (Wunsch-)Vorstellung hinausgehen soll? Die moderne Quantenphysik stützt meinen Glauben daran, dass eine solche Verbundenheit nicht nur Wunschvorstellung sein muss, sondern auch in der Wissenschaft ihren Platz finden kann. In der Quantenphysik gibt es beispielsweise sogenannte verschränkte Teilchen. Bei diesen verschränkten Teilchen gibt es eine Verbindung, die den klassischen Vorstellungen von lokaler Realität widerspricht. Verschränkte Teilchen sind miteinander verbunden durch Eigenschaften wie Polarisation oder Spin. Eine Messung oder Veränderung an einem der beiden Teilchen bewirkt sofort eine

Veränderung am anderen, unabhängig von der Entfernung zwischen ihnen – selbst dann, wenn sich beide mit Lichtgeschwindigkeit in entgegengesetzte Richtungen bewegen. Es scheint bewiesen zu sein, dass es diese Art der Verbindung zwischen verschränkten Teilchen gibt, und sie wird als „spukhafte Fernwirkung" bezeichnet. Eine befriedigende Erklärung dafür, wie diese Verbindung aussieht, gibt es dagegen noch nicht, schließlich müsste diese Verbindung sehr viel schneller als Lichtgeschwindigkeit sein, was in unserem Denksystem nicht möglich ist. Für mich ist die fehlende Erklärung nicht wichtig, sondern allein die Tatsache, dass es eine solche immaterielle Verbundenheit gibt. Vielleicht sind wir alle auf einer elementaren Ebene mit dem ganzen Sein verschränkt. Eine Verbundenheit zu Gott und allem Sein muss daher nicht hergestellt werden, da sie immer schon vorhanden ist.

In der Quantenphysik lässt sich Materie als geronnenes Licht verstehen, und umgekehrt ist Licht verflüssigte Materie. Für mich ist das ein wunderbares spirituelles Bild. Wer sind wir? Aus quantenphysikalischer Sicht besteht unser materieller Körper aus geronnenem Licht. Damit wäre Licht die Grundlage unseres Seins – für mich das Licht Gottes: „Und Gott sprach: Es werde Licht!" Interessant ist auch das Ergebnis einer Untersuchung, die zeigt, dass Physiker nach Theologen am religiösesten sind. Harte Naturwissenschaft und Spiritualität scheinen nicht unvereinbar zu sein. Wir alle sind von dieser materiellen Welt, aber irgendwie auch nicht. Die letzten Fragen bleiben unbeantwortet, aber für mich gibt es einen sinnvollen, tragenden Grund, der allem Sein zugrunde liegt und den ich Gott nenne. Ich sehne mich nach lebendiger Verbundenheit mit Gott, auch wenn ich in dieser materiellen Welt lebe, die den Gesetzen der klassischen Physik folgt.

Mit der Krebsdiagnose meldete sich mein spirituelles Bedürfnis mit Nachdruck zurück. Es verlangte nach mehr Raum und Zeit in meinem Leben – vor allem nach Verbundenheit mit Gott und dem Bedürfnis nach „geistiger Nahrung" durch die Beschäftigung mit spirituellen Themen. Ich nahm mir jeden Abend zumindest etwas Zeit, um mich zurückzuziehen und zu beten. Außerdem gab ich spirituellen Gedanken wieder mehr Raum und las mehr Bücher zu diesen Themen.

Tief in mir spürte ich, dass es für meine Heilung entscheidend ist, mich wieder stärker meiner Spiritualität zuzuwenden. Die lebendige Verbundenheit mit Gott beinhaltet für mich Heilung. Spiritualität und Heilung teilen eine lange gemeinsame Geschichte, doch ihre Verbindung ist heute nicht unbelastet. In der Geschichte der Menschheit waren diese beiden lange Zeit untrennbar. Heilung kam von den geistigen Führern ihrer Zeit und Kultur – von den Schamanen bis zu den Mönchen. Das Neue Testament berichtet von zahlreichen Heilungen durch Jesus und später durch seine Jünger. In der jüngeren Zeit gibt es Geistheiler und „Medien". Doch selbst ernannte Geistheiler sind nicht immer der Heilkunst fähig, wie viele enttäuschende Krankheitsverläufe zeigen. Der kritische Zeitgeist der Moderne führte zur Überprüfung der Geistheilung durch empirisch-wissenschaftliche

Studien, deren Ergebnisse nicht durchweg überzeugend waren. Im Gegenteil, manchem Geistheiler scheint es mehr um den eigenen Vorteil zu gehen, was einen Schatten über das ganze Thema wirft, und Zweifel schürt. Da es keine rational-empirischen Erklärungen gibt, fällt es Hilfesuchenden schwer, die Heilungsansätze logisch und rational zu beurteilen. Welcher Geistheiler ist vertrauenswürdig? Welcher Ansatz ist sinnvoll, welcher nicht?

Es gibt sehr unterschiedliche Ansätze von „spiritueller Heilung". Es gibt eine Tradition, in welcher der Kranke überwiegend der passive Empfänger einer „heilenden Energie" über den Weg eines Geistheilers oder eines spirituellen Führers ist. Sei es in Form von Bittgebet, Handauflegen, Eucharistieempfang, Trommeln oder Trance. In einer anderen Herangehensweise beteiligt sich der Kranke selbst aktiv an der geistigen Heilung – durch Beten oder das Bemühen um seine „spirituelle Entwicklung". Was genau spirituelle Entwicklung bedeutet, bleibt jedoch eine Frage, die schwer zu beantworten ist. Ich habe keinerlei Expertise darin, spirituelle Entwicklungsschritte zu unterscheiden und zu beschreiben. Die höchste Form der spirituellen Entwicklung scheint mir die „Erleuchtung" und das „Eins werden mit Gott" zu sein. Für mich bedeutet spirituelle Entwicklung stets die Hinwendung zu Attributen wie ständiger Verbundenheit mit Gott, Gottvertrauen, Weisheit, Erkenntnis, liebevollem Mitgefühl mit allen Wesen, ausgeprägter Präsenz im Hier und Jetzt, Friedfertigkeit und einem ausgeglichenen Gemüt. Der Weg zur Entwicklung dieser Attribute führt über eine spirituelle Praxis, die Gebet, Meditation und das Üben im Alltag umfasst.

In seinem Buch *Heilende Worte* fasst Larry Dossey (11) zahlreiche empirische Ergebnisse zu den Wirkungen von Gedanken und Gebeten zusammen. Die Ergebnisse zeigen, dass Gedanken und Gebete Wirkungen haben, selbst über Raum und Zeit hinweg. Beispielsweise zeigen Experimente, dass Gedanken einen Einfluss auf Organismen wie Bakterien, Hefekulturen oder Mäuse haben können, und sogar Einfluss auf die Ergebnisse eines Zufallsgenerators nehmen können. Ein Schwerpunkt des Buches liegt auf den Wirkungen von Gebeten und der Frage, ob Beten wirklich Heilwirkungen hat.

Beim Lesen von Dosseys Buch war ich erneut mit einem inneren Zwiespalt konfrontiert – einerseits kritische Skepsis, andererseits eine Anziehung zum Thema. Seit vielen Jahren stehe ich den klassischen Gebetsformen, wie dem Bittgebet, kritisch gegenüber. Ich stand hier auf der Seite von Immanuel Kant, der es als einen vermessenen Wahn betrachtete, „durch die pochende Zudringlichkeit des Bittens zu versuchen, ob Gott nicht von dem Plane seiner Weisheit (zum gegenwärtigen Vorteil von uns) abgebracht werden könnte". Passend dazu bemerkt auch Oskar Wilde: „Wenn die Götter uns strafen wollen, dann erhören sie unsere Gebete".

Anderen Formen des Gebetes stand ich jedoch sehr offen gegenüber und hatte ein tiefes Bedürfnis danach. In meinen frühen Erwachsenenjahren war ich ein paar Mal in der ökumenischen Brüdergemeinschaft um Frère Roger in dem kleinen burgundischen Dorf Taizé in Frankreich. Die Brüdergemeinschaft ist bekannt geworden für die Treffen von Jugendlichen aus der ganzen Welt sowie ihre besonderen kontemplativen Gebete mit mantraartigen Gebetsgesängen. In diesen kontemplativen Gebeten und Gesängen fühlte ich mich sofort geborgen. Das war die Form des Betens, die sich für mich im Wesentlichen richtig anfühlte. Meine Heimat im Gebet wurde die Kontemplation oder Andacht, die keiner Anleitung und keinen vorgegebenen Worten folgt, sondern auch ohne Worte auskommt. Es geht mehr um eine Empfindung des Heiligen, ein Gefühl der Einheit mit Gott. Der Religionsphilosoph Paul Tillich (12) beschreibt das Gebet als „unendliche Sehnsucht eines endlichen Wesens nach seinem unendlichen Ursprung; die Wiedervereinigung mit dem göttlichen Grund unseres Seins". In dieser Form des Betens geht es für mich nicht darum, auf Gott einzuwirken, um ein gewünschtes Ergebnis zu erhalten, sondern darum, mich für den göttlichen Geist offen zu halten, damit er mich ergreifen, durchdringen und dadurch verwandeln kann. Ich wirke nicht auf Gott ein, sondern lasse mich auf sein Wirken ein – im Vertrauen darauf, dass es gut ist, was auch immer geschehen mag. Andacht ist geprägt von Offenheit, Akzeptanz und Dankbarkeit. Diese Art zu Beten entsprach meinem Wesen, das fühlte sich richtig an.

Die in Dosseys Buch zusammengestellten wissenschaftlichen Ergebnisse zeigen, dass Gebete zu einer Genesung von schwerer Krankheit führen können, allerdings bei Weitem nicht immer. Er differenziert dabei zwei völlig verschiedene Gebetshaltungen; das fordernde Bittgebet als „Ich möchte ein bestimmtes Ergebnis erhalten" auf der einen Seite, und auf der anderen Seite die Andacht als Verbundenheit mit Gott in Dankbarkeit und Offenheit, des Vertrauens in „Nicht mein, sondern Dein Wille geschehe". Er geht der Frage nach, ob eine Heilung eher auf ein eindringliches Bittgebet, oder eher auf ein andächtiges Gebet folgt. Die wissenschaftlichen Ergebnisse deuten darauf hin, dass Heilung viel eher durch ein „ungerichtetes" Gebet erfolgt – ein Gebet, das nicht auf ein bestimmtes Ergebnis abzielt, sondern ergebnisoffen ist. Es scheint, dass vor allem diejenigen, die nicht auf Heilung drängen, sie eher empfangen. Auch ungerichtete Gebete würden nicht immer „erhört", aber wenn sie erhört werden, dann immer in einer Art, die für den Organismus zum Besseren ist. Andere Forschungen berichten Ähnliches. Demnach konnten für die klassischen Bittgebete keine positiven Effekte gefunden werden, weder, wenn andere Menschen für einen Kranken gebetet haben, noch wenn der Kranke für seine Gesundheit gebetet hat. Positive Effekte konnten jedoch für Betende gefunden werden, wenn sie für andere gebetet haben. Zusammengefasst lässt sich sagen: Beten tut dem Betenden gut, wenn er nicht auf sich selbst fokussiert ist und eine Haltung der Ergebnisoffenheit und Dankbarkeit einnimmt.

Dieses Ergebnis scheint mir wichtig zu sein, um nicht einer Tendenz der spirituellen Szene zum Opfer zu fallen, die einseitig und unkritisch auf eine positive geistige Einstellung fokussiert. Dort findet man regelhaft die Meinung, dass vor allem die „positive geistige Haltung" des Kranken darüber entscheidet, ob es zu einer Genesung von Krankheit kommt. Hierzu kann man vielfältige esoterische Selbsthilfebücher finden, welche die aus ihrer Sicht heilsamen, „richtigen" Geisteshaltungen darstellen. Aber nicht nur in esoterischen Selbsthilfebüchern ist diese Überzeugung zu finden. Ich habe gerade heute, beim Schreiben dieser Zeilen, einen Newsletter einer Krebsklinik erhalten, in dem auf die „Heilkraft des Geistes" eingegangen wird, und demnach würde die „Macht des Geistes" sogar ca. 80 % des Heilerfolges bei Krebserkrankungen ausmachen. Der Autor des Newsletters schreibt, dass „ein starker und positiver Glaube an Heilung nicht nur Stress und Angst, sondern sogar lebensbedrohliche Krankheiten in den Griff kriegen lässt." Was ich besonders kritisch sehe, ist der Gedanke der Kontrolle, den Krebs durch den positiven Glauben in den Griff zu bekommen. Das Resümee demnach: „Der Geist führt und der Körper folgt".

Dieses Resümee ist meiner Meinung nach nicht unproblematisch. Dieser Glaubenssatz impliziert, dass wenn ein Mensch krank bleibt oder stirbt, dann war sein Glaube wohl nicht stark genug, dann hat er nicht die richtige Geisteshaltung gefunden oder war zu schwach, diese konsequent zu implementieren. Beschuldigungen und Abwertungen des kranken Menschen sind da nicht weit. Ich halte Heilung für ein komplexes Thema, mit vielfältigen Facetten, in das viele Faktoren reinwirken, und wo starke Vereinfachungen mehr schaden als nutzen können. Grundsätzlich möchte ich den potenziellen Nutzen einer positiven Lebenseinstellung nicht in

Abrede stellen. Zweifellos liegt eine Kraft im positiven Denken, eine heilsame Wirkung in einer hoffnungsvollen und vertrauensvollen Zukunftsaussicht mit positiven Lebenszielen. Inneren Widerstand spüre ich jedoch gegen Vereinfachungen und die damit verbundenen Implikationen. Darin zeigt sich für mich auch ein Ausdruck menschlicher Hybris: die Vorstellung von der „Kontrollierbarkeit der Welt" und dem Glauben, „wir sind selbst Herr über unsere Gesundheit". Das entspricht nicht meiner Erfahrung. Eine gelebte Spiritualität hat positiven Einfluss auf unsere Gesundheit, aber garantiert sie nicht. Es gibt auch kranke Heilige und gesunde Sünder. Die oben beschriebenen Ergebnisse von Dossey stellen diese esoterische Tendenz infrage, die behauptet, dass Heilung vor allem von der Macht eines Geistes abhängt, der sich auf positive Affirmationen konzentriert. Es läuft eher auf das Paradox hinaus: Der beste Weg in der spirituellen Praxis, um Ziele zu erreichen, besteht darin, die Ziele loszulassen. Die „beste" geistige Haltung besteht offenbar in einer Verbundenheit mit Gott, geprägt von Offenheit, Vertrauen, Dankbarkeit und dem „Dein Wille geschehe".

Diese Ergebnisse und Gedanken waren für mich eine Ermutigung, meinen Weg der Andacht und Kontemplation weiterzuführen und zu vertiefen. Das Streben nach authentischer Akzeptanz jedes möglichen Ausgangs wurde zu einer zentralen Aufgabe meines Heilungsweges, an der ich täglich üben darf. Manchmal gelingt es mir leicht, und ich fühle, dass ich wirklich offen bin, auch für einen sogenannten „schlechten" Ausgang meiner Krebserkrankung. Zu anderen Zeiten wiederum spüre ich inneren Widerstand, und dass meine Akzeptanz nur oberflächlich aufgesetzt ist, in dem untergründigen Wunsch, dass dies eher zu meinem gewünschten Ergebnis führen mag. Unser Verstand ist raffiniert und tückisch. Manchmal tadle ich mich dafür, während ich mir an besseren Tagen mit Mitgefühl und Verständnis begegnen kann, da diese Tendenz zum „unbedingt leben wollen" wohl einfach menschlich ist.

Das tägliche Gebet ist für mich wieder zum festen Bestandteil des Tages geworden. Es fehlt mir, wenn ich mal einen Tag nicht dazu komme, weil der Tag zu vollgepackt ist, oder ich mich nicht mehr aufraffen kann. Im Gebet ist mein Glaube lebendig; ohne regelmäßiges Gebet erscheint er mir lauwarm und kraftlos im Hintergrund meines weltlichen Alltags. Ich war schon immer ganz bei Paul Tillich, der „das Gebet als Grundakt des Glaubens" beschrieben hat. Ich sehe hier eine Verbindung zur Liebe. Nach meinem Verständnis hat uns Jesus gelehrt, dass der christliche Glaube eigentlich leicht zu umreißen ist: das gesamte religiöse Regelwerk gründet auf dem doppelten Liebesgebot: Gott von ganzem Herzen zu lieben, und seinen Nächsten wie sich selbst. Nun ist es leider eine äußerst schwierig zu beantwortende Frage, was Liebe ist. Es gibt verschiedene, teils sich ergänzende, teils widersprüchliche Antworten darauf. Martin Bubers Definition „Liebe ist Verantwortung eines Ich für ein Du" erscheint mir eine lebensnahe und pragmatische Antwort, die einen starken handlungsauffordernden Charakter hat. Dagegen weist die Definition von Paul Tillich einen mehr abstrakten, aber dafür spirituellen Charakter auf: „Die Liebe ist die Wiedervereinigung dessen, was seinem Wesen nach zusammengehört." Wenn es im Gebet um die Wiedervereinigung mit dem göttlichen Grund unseres Seins geht, dann ist das Gebet ein Grundakt der Gottesliebe, ein Grundakt des Glaubens.

Im Gebet nehme ich mir Zeit für die Verbundenheit mit Gott. Diese muss nicht hergestellt werden, denn ich glaube, dass sie immer besteht – nur nehme ich sie nicht immer wahr. Selbst wenn ich mir Zeit dafür nehme, kann ich sie nicht immer bewusst wahrnehmen. Für mich ist es eine Frage der Achtsamkeit. Genauso wie es mir schwerfällt, länger als ein paar Sekunden bewusst mit mir selbst verbunden zu bleiben, bevor meine Gedanken in die Zukunft oder Vergangenheit abschweifen – obwohl die Verbindung zu mir selbst immer da ist –, verhält es sich mit der Verbundenheit zu Gott. Mein Bemühen in der Andacht besteht also darin, achtsam zu empfinden und mich mit wacher Bereitschaft von Gottes Geist berühren zu lassen. Aus dieser Verbundenheit beziehe ich Kraft, Energie, Vertrauen, Hoffnung, Dankbarkeit, Ruhe, Freude, Mitgefühl und Heilung. Wenn ich im Gebet eingekehrt bin, kehre ich mit mehr Offenheit und liebevoller Zuwendung in meinen Alltag zurück. Allerdings kämpfe ich beständig damit, diese Qualitäten im Alltag aufrechterhalten zu können. Manchmal habe ich das Gefühl, noch ganz am Anfang meines Weges zu stehen, da ich mich immer wieder von Kleinigkeiten des Alltags aus der Ruhe bringen lasse, wodurch das Wesentliche in den Hintergrund tritt.

Auf das Geschriebene zurückschauend würde ich sagen, dass spirituelle Entwicklung und Beten tendenziell eine körperliche Genesung unterstützen, oder manchmal gar zu einer völligen Heilung führen können. Solche vollständigen Heilungen werden oft als „Spontanremissionen" bezeichnet, als „Wunder" betrachtet oder als „Zufallsereignis", da die Schulmedizin keine Erklärung dafür hat. Ich würde lügen, wenn ich sagen würde, dass ich mir eine solche vollständige Heilung nicht wünschen würde. Ich möchte leben, möchte weiter Anteil haben an dieser Welt. Ich tue daher alles, was in meiner Macht steht, um gesund zu werden oder zumindest möglichst lange ein vitales Leben führen zu können. Dazu gehört auch, dass ich mein Leben hinterfrage, mein Leben teilweise neu gestalte, um wieder mehr Freude in meinem Leben zu haben.

In den letzten Monaten habe ich einige Bücher über geistige Heilung gelesen, und bei vielen hatte ich den Eindruck, dass die körperliche Heilung im Mittelpunkt steht. Dabei ist jede Heilung nur vorübergehend, nur ein Aufschub, ein Geschenk von ein wenig mehr Lebenszeit. Wir können dem Tod letztlich nicht entkommen. Schwere Krankheit und die Begegnung mit dem Tod sollten uns lehren, nicht zwanghaft am Leben festzuhalten, sondern gut zu leben, um auch gut sterben zu können. In den Worten von Hermann Hesse: „Wohlan denn, Herz, nimm Abschied und gesunde!"

Körperliche Gesundheit ist für mich daher nicht der letzte Bewertungsmaßstab für den Erfolg meiner Heilung. Ich wünsche mir Gesundheit, doch letztlich ist sie hinsichtlich erfüllter Existenz nachrangig. Wenn die Krankheit verschwindet, werde ich zutiefst dankbar sein. Sollte sie jedoch nicht verschwinden, gibt es immer noch genügend Gründe für eine erfüllte Existenz und damit auch zur Dankbarkeit. Ich glaube, es gibt immer Gründe zur Dankbarkeit. Und wenn ich dankbar bin, dann fühle ich mich auch glücklich.

Teilweise bin ich selbst überrascht, als wie tragend sich mein Glaube angesichts meiner Krebsdiagnose erwiesen hat, obwohl ich mein religiöses Leben in den letzten Jahren so stark vernachlässigt habe. Mein Glaube an den tragenden Grund von Gottes Wirklichkeit gibt mir tatsächlich starkes Vertrauen, dass es „gut" sein wird, egal, wie es letztlich mit meiner Krebserkrankung ausgeht. Natürlich erlebe ich auch Zweifel, und es gibt Tage, an denen ich eine klare Vorstellung von einem „guten" oder „schlechten" Verlauf habe und meine Wünsche und Sehnsüchte an Gott richte. Aber wenn ich in mich gehe und mir vor Augen führe, dass mein Lebensweg letztlich immer und unausweichlich begrenzt ist, spüre ich ein kraftgebendes Bejahen dieser Tatsache des Lebens. Wir kommen von Gott und kehren zu ihm zurück. Eigentlich ist das eine schöne Vorstellung, auch wenn der Gedanke an den weltlichen Abschied schmerzhaft ist. Und ich hoffe, dass der Weg dahin nicht allzu schmerzhaft und entbehrungsreich sein wird. Oftmals richten sich meine Ängste weniger auf das „Dass" des Todes, sondern auf das „Wie".

Demut und Mut schöpfe ich auch aus dem Vorbild Jesus Christi. Als ich über meine Situation nachdachte und damit haderte, wie jung ich doch noch bin und was ich noch alles tun könnte, wurde mir bewusst, wie jung auch Jesus noch war, als er gekreuzigt wurde. Und wie offen sein Leben noch war, was er noch alles hätte tun und bewirken können. Er wusste wohl, was auf ihn zukommt, mit all den Schmerzen, Demütigungen und Leiden. Es war für mich entlastend, dass selbst Jesus von seinem bevorstehenden Leidensweg erschüttert war, und Gott darum bat, dass dieser Kelch an ihm vorüber gehen möge. Jesus hätte sich leicht in Sicherheit bringen und diesem grausamen Schicksal entziehen können. Doch er vertraute auf Gott: „Nicht mein, sondern Dein Wille geschehe" – in dem Glauben, dass Gottes Wille „gut" sein wird. Jesu Leben steht sinnbildlich dafür, dass es nicht auf die Länge des Lebens ankommt, sondern auf seine Bedeutung und Fülle. Kann ich angesichts solcher Gedanken wirklich mit meinem Schicksal hadern? Vielmehr möchte ich mir Jesus zum Vorbild nehmen und auf Gott vertrauen. Ich möchte nicht gegen mein Schicksal ankämpfen, sondern meine Kraft darauf verwenden, dem Ruf des Lebens zu folgen, mich auf das Wesentliche auszurichten und so viel davon zu verwirklichen, wie mir möglich ist. Vielleicht gehört es zu meinem Weg, diese Krebserkrankung zu überleben – oder vielleicht besteht er darin, würdig und mutig an dieser Krankheit zu sterben. Und wenn jemand wie Jesus so früh und schmerzhaft sterben musste, dann kann ich dieses mögliche Schicksal leichter akzeptieren.

Es gibt viele besondere Menschen, die durch ihr Leben und die Art, wie sie Schicksal und Tod im Vertrauen auf Gott angenommen haben, zu leuchtenden Vorbildern für mich geworden sind. Ich empfinde tiefes Mitgefühl für sie und würde mich in ihrer Gemeinschaft gut aufgehoben fühlen, wenn ich mich als würdig erweise. Mir kommen Namen wie Dietrich Bonhoeffer oder Etty Hillesum in den Sinn. Auch für sie war ihr Vertrauen in Gott der tragende Grund und die Überzeugung, dass es Wichtigeres gibt als das bloße Überleben.

Mein seelisches Befinden ist nicht immer gleich. An manchen Tagen fällt es mir leichter, meine Krankheit zu akzeptieren und zuversichtlich zu sein. An anderen Tagen kämpfe ich stärker mit meiner Krankheit. Dann belasten mich implizite Fragen, die aus esoterischen Ansätzen resultieren, die behaupten, dass die richtige Geisteshaltung zur Gesundheit führt. Es sind Fragen wie: Was habe ich falsch gemacht? Habe ich vielleicht geistige Verfehlungen? Lebe ich nicht glücklich genug? Bin ich zu wenig spirituell, zu wenig authentisch, zu wenig liebevoll etc.? All diesen Fragen liegt letztlich das Gefühl zugrunde, nicht gut genug zu sein und für irgendeine Form von Schuld bestraft zu werden. Diese Gedanken rühren an dem Konzept des „schlechten Karmas", dass ich in diesem oder einem früheren Leben etwas Schlimmes getan habe, und mit meiner Krankheit nun büßen muss. Für den einen oder anderen mag das auch eine sinnstiftende Perspektive sein, da Krankheit und Leiden insofern einen Sinn haben, dass man im nächsten Leben gereinigt ist. Für mich gilt das jedoch nicht, und ich möchte mich aus diesen negativen, belastenden Gedankenkreisen befreien. Eine klare Abgrenzung ist jedoch nicht so einfach.

In vielen Zeilen dieses Buches dringen ähnliche Gedanken hindurch: Es geht mir vor allem um Reflexion, Prüfung und Veränderung. Jedoch im Rahmen von Schuld oder Verfehlungen, die zur Krankheit geführt haben, sondern mit der Perspektive, dass ich, wenn ich schon krank werden musste (warum auch immer), wenigstens die positiven Chancen erkenne und ergreife, die mit dem Bewusstsein des Todes einhergehen.

Ein Lichtblick in dieser Hinsicht war eine Sequenz aus dem Buch *Diary of a Zen Nun* von Nan Shin (13). Darin berichtet sie von denselben belastenden Gedanken bzgl. eines schlechten Karmas aufgrund ihrer Krebserkrankung. Ein Freund von ihr brachte den Gedanken auf, dass die Krankheit als „gutes Karma" betrachtet werden sollte, da sie den spirituellen Weg vertieft. Dieser Gedanke – weg von Krankheit als Schuld und Bestrafung hin zu Krankheit als spiritueller Impuls – führte bei Nan Shin zu einer grundlegenden Veränderung. Sie beschreibt, wie sich ihr ganzes Sein wieder neu und zuversichtlich ausrichten konnte, und wie dankbar sie ihrem Freund für diese Sichtweise war. Und auch für mich war dieser Gedanke hilfreich und wichtig.

In den letzten Monaten, während der Auseinandersetzung mit meiner Erkrankung und meinem Lebensweg, wurde mir bewusst, dass bei mir immer wieder eine grundlegende innere Problematik auftauchte, die meine Verbundenheit mit mir selbst erschwerte: Ich habe das Gefühl, nicht gut genug zu sein. Wie kann man gut mit sich sein, wenn man denkt, man ist nicht gut genug? Beispielsweise resultierte eine wesentliche wiederkehrende

Unzufriedenheit in meinem Lebensalltag daraus, dass ich mich selbst zu sehr hinter familiäre Belange zurückgestellt habe, ohne dass dies von Julia oder von anderen gefordert wurde. Ich nahm mir zu wenig Freiraum für meine persönlichen Interessen, für meine Eigenarten, die lange Zeit für mich wichtig waren, und immer noch sind. Es waren meine eigenen Selbstansprüche, die mich dazu brachten, meine Interessen zurückzustellen. Diese Selbstansprüche bilden den Nährboden für das Gefühl, dass ich für meine Familie immer da sein muss, dass es für mich oberste Priorität hat, ein fürsorglicher und präsenter Partner und Vater zu sein. Erhielt ich im Gegenzug nicht dieselbe Präsenz, war ich enttäuscht, ärgerlich und ungerecht. Denn dann hatte ich den Eindruck, zu kurz zu kommen, da ich ja meine Bedürfnisse hinter meinen Selbstansprüchen zurücksteckte, und mein Leben dadurch beschnitten habe. Dahinter stand die Überzeugung, dass ich mich selbst nicht als wichtig genug ansah und es mir nicht zugestehen konnte, mir einfach etwas zu nehmen. Ich musste mich zurückstellen, und wenn am Schluss noch etwas übrig blieb, dann war es in Ordnung.

Ein wesentlicher Teil meines Heilungsweges bestand darin, meinen mangelnden Selbstwert zu überwinden und zu üben, dass ich gut genug bin, so wie ich bin. Der Weg ist steinig, mit auf und ab, aber meine spirituelle Praxis ist mir dabei eine Stütze. Wenn ich ehrlich bin, glaube ich tatsächlich nicht, „gut" zu sein. Ich kenne zu viele Abgründe und Verfehlungen in mir. Und selbst Jesus sagte: „Was nennst du mich gut? Niemand ist gut als

Gott allein!“ (Markus 10,17-18). Vielleicht muss ich daher nicht vollkommen „gut“ sein, sondern es reicht, „gut genug“ zu sein, so wie ich bin. Es hilft mir die spirituelle Zusage, dass ich ein Teil Gottes bin und dass Gott mich liebt und so annimmt, so wie ich bin. Wenn ich für Gott gut genug bin, sollte ich das auch für mich selbst sein. Ich übe: Ich bin gut genug, und mein Leben gehört nur mir und Gott.

Mein spiritueller Weg und mein Bemühen um Heilung sind im Grunde simpel. Einerseits besteht er darin mir täglich Raum und Zeit für das persönliche, andächtige Gebet zu nehmen. Und andererseits darin, diese bewusste Verbundenheit mit Gott – mit Ruhe, Liebe, Selbstannahme, Dankbarkeit und Achtsamkeit – in meinem Alltag zu üben. Ich stehe am Anfang eines hoffentlich noch langen Weges. Ein Leben, das von achtsamer Verbundenheit, Liebe, Dankbarkeit, Freiheit, Erkenntnis und meinen individuellen Bestimmungen geprägt ist, ist für mich ein glückliches, erfülltes Leben. Unabhängig davon, wie lange es dauern mag.

Tod und Gesellschaft

Ein Kapitel über „die Gesellschaft" zu verfassen, birgt stets gewisse Schwierigkeiten, da „Gesellschaft" ein abstrakter Begriff ist, der symbolisch für eine Vielzahl unterschiedlicher Individuen steht. Und die Gesellschaft ist in beständigem Wandel. Ich bin selbst Teil dieser Gesellschaft und wurde durch ihren Einfluss zu dem, der ich heute bin. Und ich bin meiner Gesellschaft grundsätzlich sehr dankbar, denn es gibt in ihr viele positive Facetten, die ich zu schätzen weiß. Gleichzeitig hinterfrage ich bestimmte Aspekte dieser Gesellschaft, da ich mich nicht immer wohlfühle, ein Teil von ihr zu sein. Dieses Unbehagen wurzelt in verschiedenen Erfahrungen, die ich in dieser Gesellschaft gemacht habe, sowie in subjektiven Eindrücken, die mein Bild von ihr geformt haben. Mir ist bewusst, dass ich in diesem Kapitel mein subjektives

Bild der Gesellschaft verallgemeinere und auf die Realität übertrage. Denn meine subjektiven Eindrücke über „die Gesellschaft" bilden nur einen kleinen Ausschnitt der Wirklichkeit ab, und sind nur eingeschränkt auf die ganze Gesellschaft übertragbar. Der Grund, warum ich dennoch über das Thema „Tod und Gesellschaft" schreiben möchte, ist mein subjektiver Eindruck, dass vielen Menschen in unserer Gesellschaft etwas fehlt. Etwas, das die Menschen brauchen, um glücklicher und erfüllter leben zu können. Ich wünsche den Menschen meiner Gesellschaft auch ein Stück Heilung, im Sinne von einer Entwicklung hin zu mehr Lebensfreude, Verbundenheit und Sinnerfahrungen. Ich hoffe, dass meine Gedanken dabei hilfreich sein können, auch wenn sie von einer unzulässigen Verallgemeinerung ausgehen.

Was bräuchte unsere Gesellschaft, damit ihre Menschen ein erfüllteres und glücklicheres Leben führen können? Meine These mag seltsam klingen, doch ich glaube, es mangelt den Menschen an einem ausreichenden Bewusstsein für den Tod. Schon früh nach meiner Diagnose kam mir der Gedanke, dass es nicht nur für mich, sondern auch für viele Menschen unserer Gesellschaft wichtig und heilsam wäre, den Tod und die Vergänglichkeit stärker in den Alltag zu integrieren. Ich habe den Eindruck, dass viele Menschen den Tod aus ihrem Bewusstsein verdrängen, um sich nicht mit ihm auseinandersetzen zu müssen. Man könnte fast sagen, dass der Tod kollektiv verdrängt wird, wobei das nicht ganz richtig ist, denn es ist ja nicht so, dass der Tod im gesellschaftlichen Sprachgebrauch nicht mehr vorkommt. Es scheint eher so zu sein, dass der Tod zwar immer wieder abstrakt gedacht wird, aber im Bewusstsein ansonsten nicht wirklich präsent ist. Der Tod verursacht keine Angst, solange er nicht als Realität des persönlichen Lebens anerkannt und integriert wird. Oder wie Woody Allen sagt: „Ich habe keine Angst vor dem Tod. Ich möchte nur nicht dabei sein, wenn's passiert." Ich glaube jedoch, dass wir unser Leben um eine wesentliche Dimension berauben, wenn wir den Tod aus unserem Leben ausschließen.

Der Tod gehört grundsätzlich zum Leben wie der Schatten zum Licht. Mit der Geburt beginnt meine Reise hin zum unvermeidlichen Endpunkt. Der Tod ist normal, und doch macht er mir entsetzliche Angst, weil ich mir dem Wert des Lebens bewusst bin, das vom Tod bedroht wird. Die Vorstellung, zu „nichts" zu werden, dass mein Sein als individuelles Bewusstsein enden könnte, erschüttert mich zutiefst. Der Tod bedroht mein ganzes Sein durch vollkommene Vernichtung. Für viele Dichter und Denker ist der Tod die eigentliche und letzte Quelle der Angst. Der Tod ist der kaum erträgliche Stachel des Lebens. Wie kann es uns gelingen, ihn nicht zu spüren?

Eine Möglichkeit, den Tod aus unserem Leben fernzuhalten, liegt im Streben nach größtmöglicher Sicherheit. In einem Leben, das gefühlt völlig sicher ist, muss man sich keine Gedanken um den Tod machen. Wir versuchen daher das Leben in materieller Hinsicht so sicher wie möglich zu machen. Alle Gefahren für Leib und Leben sollen möglichst unter Kontrolle gebracht werden, was zu dem Gefühl beiträgt, dass auch der Tod ein Stück weit unserer Kontrolle unterliegt. So haben wir beispielsweise viele Gefahren der Natur weitgehend unter Kontrolle gebracht. Wir haben unsere natürlichen Feinde zurückgedrängt oder ausgerottet. Infektionskrankheiten wurden durch großzügig verschriebene Antibiotika gut behandelbar. Für immer mehr Krankheiten wurden Impfungen erfunden, und ein Baby soll die wesentlichen Impfungen bereits kurz nach der Geburt erhalten. Es gibt Versicherungen für fast alle Bedrohungen des Alltags. Den Gefahren des Alltags wird zudem durch immer mehr Sicherheitsvorschriften begegnet. Für das Primat der Sicherheit wird über immer mehr staatliche Überwachung und Kontrolle nachgedacht. Das Motiv der Sicherheit ist in unserem modernen Leben allgegenwärtig.

Durch die vielen technischen Fortschritte ist es uns in erstaunlichem Maß gelungen, das Leben abzusichern. In unserem Alltag gibt es kaum noch ernsthafte Bedrohungen für unser Leben. Der Tod wird heute weitgehend zur Ausnahmeerfahrung. Wie viele Kinder, Jugendliche und auch Erwachsene unserer Gesellschaft haben noch nie in ihrem Leben einen Toten gesehen? Der Tod wird dadurch zu einem rein abstrakten Begriff, der uns nicht wirklich betrifft.

Dennoch wird unser Sicherheitsgefühl beständig bedroht. Naturkatastrophen führen uns vor Augen, dass unsere Kontrolle begrenzt ist. Krisenherde und Kriege erleben wir zwar nur über die Medien, aber die Brüchigkeit der heilen Welt scheint durch, und wir erleben, dass ihnen mit logischen Argumenten und der Vernunft nicht beizukommen ist. Wir sind in ständiger Sorge um unseren Wohlstand, der durch Entwicklungen bedroht wird, auf die wir keinen Einfluss haben. Die Unwägbarkeiten des Lebens, mit all seinen unvorhersehbaren Zufällen, neuen Entwicklungen und damit neuen Bedrohungen, bleiben bestehen. Das Leben scheint sich auf Dauer nicht mit den immer gleichen Mitteln kontrollieren zu lassen, wie die Entwicklung der antibiotikaresistenten Bakterien exemplarisch zeigt. Die Bedrohung unseres Sicherheitsgefühls kann zu weiteren Bemühungen um Sicherheit führen, die jedoch fragil bleibt. Ein Kreislauf des Bemühens um Kontrolle und Sicherheit. Dieser Kreislauf beinhaltet die Gefahr, dass Sicherheit und Kontrolle zu sehr in den Fokus geraten, dass sie so wichtig werden, dass ihnen alles andere untergeordnet wird. Sicherheit für Leib und Leben, aber auch die Sicherheit meiner Lebensgrundlage, also finanzielle Sicherheit. Überhaupt brauche ich in der Regel gewisse finanzielle Mittel, um für Sicherheit sorgen zu können. Das Streben nach Sicherheit und Geld bildet daher oft eine Allianz. Wenn Sicherheit das Wichtigste ist, dann besteht die Gefahr, dass das Mittel zum Zweck, das Geld, auch über allem steht.

Wir sehnen uns nach Sicherheit nicht nur in materieller Hinsicht, sondern auch im Denken und Handeln. Unser Denken ist frei, damit aber auch gefährlich bodenlos. Wir brauchen Halt und Orientierung auch im Denken, brauchen Sicherheit darin, was richtig und falsch ist. Vielleicht ist uns dieses Bedürfnis nicht bewusst, aber es ist mächtig. Es kann dazu führen, dass wir uns fanatischen Ideologien unterwerfen, seien sie religiöser oder staatlicher Natur. Ich glaube, dass ein zentrales Element fanatischer Ideologien das Sicherheitsversprechen ist, das sie bieten. In Form von dem Versprechen, das eigene Leben in der einzig richtigen Art und Weise zu leben, oder das Versprechen, durch den einzig richtigen Glauben zu der auserwählten Gemeinschaft zu gehören, die in ein jenseitiges Paradis gelangen. Manche Denker glauben, dass die Menschen nur deshalb die Religionen und den Glauben an ein Jenseits erschaffen haben, um mit der Angst vor dem Tod zurechtkommen zu können.

Es ist ein psychisches Grundbedürfnis des Menschen ein Gefühl von Kontrolle, Orientierung und Sicherheit zu haben. Fehlt uns Orientierung und eine ausreichende Kontrollüberzeugung fühlen wir uns selbst in normalen Anforderungen des Alltags hilflos und wir reagieren mit einer erhöhten Stressreaktion. Fehlende Kontrollüberzeugungen begünstigen eine depressive Entwicklung. Wir sind daher unbewusst bereit, einen hohen Preis für die Aufrechterhaltung dieser Kontrollüberzeugungen zu bezahlen. Es stört uns im Alltag nicht, dass unsere Kontrollüberzeugungen oft unrealistisch und illusorisch sind. Wir überschätzen unseren Einfluss auf die Welt und unsere Ergebnisse und glauben fälschlicherweise, dass uns nichts passiert, solange wir alles richtig machen (in der Psychologie ist dies beispielsweise als der „It won't happen to me" Effekt bekannt). Diese unrealistische Selbsteinschätzung ist erst mal nicht schlimm, aber in der Konsequenz führt sie beispielsweise dazu, dass wir denen, die unverschuldet ein Unglück trifft, eine Schuld zuschreiben. Irgendwie müssen sie selbst zu ihrem Unglück beigetragen haben, denn wenn sie sich nur richtig verhalten hätten, dann hätte ihnen nichts passieren können. Wenn man beispielsweise von einem Verkehrsunfall mit schweren Verletzungsfolgen hört, dann denkt man leicht, dass das Opfer sicherlich zu schnell gefahren ist, nicht aufgepasst hat oder vielleicht betrunken war. In der Psychologie ist dieser Effekt als „blaming the victim“ (das Beschuldigen des Opfers) bekannt. Das hat den beruhigenden Effekt, dass ich mir sagen kann: Mir kann das nicht passieren, denn ich würde das nie so machen. Um unser psychisches Bedürfnis nach Sicherheit zu befriedigen, sind wir bereit, Menschen zusätzlich mit Vorwürfen zu belasten, die eigentlich unsere Unterstützung und unsere liebevolle Zuwendung brauchen würden. Aus der Perspektive der Vernunft opfern wir die Menschlichkeit zugunsten eines Gefühls von Sicherheit.

Es steht für mich außer Frage, dass Sicherheit wichtig ist. Wir brauchen ein Gefühl von Sicherheit, und unser Bedürfnis nach Sicherheit ist eine wesentliche Triebfeder für Forschung und Fortschritt, was viele Innovationen mit sich brachte. Das Streben nach Kontrolle und Sicherheit ist grundlegend sinnvoll. Ich sehe das Problem nicht darin, dass wir Sicherheit brauchen, sondern in dem Ausmaß des Sicherheitsstrebens. Die eigentliche Frage ist, wie sehr uns bewusst ist, dass Sicherheit in Konflikt mit anderen Werten steht, und dass wir diese zurückstellen, wenn wir die Sicherheit zu sehr in den Mittelpunkt rücken.

Unser Leben vollzieht sich in Gegensätzen, und so steht ein Wert immer auch einem anderen entgegen. Sicherheit und Freiheit stehen sich beispielsweise oft im Weg. In der Sicherheit fanatischer Ideologien bleibt keine Freiheit des eigenen Denkens und Urteilens mehr. Auch der materielle Ort, der die größte Sicherheit verspricht (beispielsweise der Bunker unter dem Weißen Haus), ist gleichzeitig ein Ort, an dem es kaum noch Freiheit gibt. Es ist ein Gefängnis der Sicherheit. Auf der anderen Seite mag das Leben eines Abenteurers im Dschungel sinnbildlich für eine möglichst große Freiheit stehen, die fast jede Sicherheit zurücklassen muss. In unserer modernen Gesellschaft führen immer mehr Sicherheitsvorschriften über staatliche Kontrolle zu mehr Sicherheit, indem mögliche Unfälle verhindert und Rettungen wahrscheinlicher werden. Aber damit geht auch eine Einengung des Lebensvollzugs einher. Ich höre oft von Mitmenschen, dass in unserer Gesellschaft mittlerweile alles kaputtreguliert werde und es keine kreative Freiheit mehr gebe.

Freiheit ist einer der zentralen und mächtigsten Begriffe unseres Menschseins. Es gibt Situationen, in denen Menschen ihrer Freiheit einen größeren Wert beimessen als ihrem Leben. An dem Wert der Freiheit hängen andere Werte, die für unser Leben von zentraler Bedeutung sind. Wenn Sicherheit und Wohlstand an die Spitze unserer Wertehierarchie rücken, bedrohen sie mit der Freiheit auch diese anderen zentralen Werte unserer Menschlichkeit. Es geht um nicht weniger als um unser Selbstverständnis, um unsere menschliche Würde, um Werte wie Lebendigkeit, Spontanität, Kreativität, Liebe, Sinn und Glück. Die Widersprüche in den Werthaltungen bleiben letztlich unauflösbar, und ich möchte dies an zwei Beispielen aufzeigen, bei denen ich selbst als Betroffener die Widersprüche erlebe. Es gibt dabei keine allgemeingültigen Lösungen, auch wenn ich selbst eine klare Haltung gewonnen habe. Wichtig ist für mich, diese Konflikte bewusst zu machen, damit wir nicht unbewusst schwerwiegende Opfer zugunsten der Sicherheit bringen.

In der Corona-Pandemie wurden die Menschen unserer Gesellschaft plötzlich mit dem Tod konfrontiert und viele hatten große Angst. Daher wurde nach schneller, größtmöglicher Sicherheit gesucht, auch wenn diese in ihrer Begründung und Erfolgsaussicht zweifelhaft war. Es wurden dabei auch Maßnahmen ergriffen, die meiner Meinung nach der Menschlichkeit entgegenstanden. Wie viele Menschen wurden zum Schutz isoliert und mussten deshalb gegen ihren Willen Einsamkeit erleiden und einsam sterben? Das psychische Leiden, das mit den Schutzmaßnahmen einherging, wurde meiner Meinung nach unterschätzt. Die in der Folge erhöhten Suizidraten und der erhöhte psychotherapeutische Bedarf sprechen für sich. Vielen Menschen wurde ihre berufliche Lebensgrundlage entzogen, wenn sie sich nicht impfen lassen wollten, mit der Intention, ein Stück mehr gefühlte Sicherheit zu erzwingen. Dabei war die Relevanz der protektiven Wirkung der Impfung ebenso unsicher wie die potenziellen negativen Langzeitfolgen. Wie viele Menschen wurden aufgrund einer kritischen Haltung diskreditiert und an den Pranger gestellt? Ich habe Menschen in meinem Umfeld sagen hören, dass die sogenannten Impfkritiker „elendig verrecken sollen“. Mir scheint, die

Angst hat hier Menschen zweiter Klasse erschaffen, die aufgrund ihrer kritischen Haltung ihr Recht auf Leben verwirkt haben. Menschen wurden hinsichtlich ihres Impfstatus differenziert und nicht mehr gleichbehandelt, obwohl eigentlich alle gleich sein sollten. Geimpfte Menschen lebten in der gefühlten Sicherheit einer angeblich wissenschaftlich fundierten Ideologie, während auch Impfskeptiker in einer Ideologie lebten, die von der Angst vor der Impfung und dem Wunsch nach Sicherheit geprägt war. Auch von Impfskeptikern gab es dieselben Abwertungen und Hässlichkeiten gegenüber geimpften Menschen. Von Vertretern beider Seiten wurden Gräben aufgerissen, in welche die Solidarität und Menschlichkeit zu stürzen drohte. Ob die Sicherheitsmaßnahmen gerechtfertigt waren oder nicht, ist bis heute eine ungelöste Streitfrage.

Angeblich sei die Gesundheit des Menschen das höchste Gut, und unser Gesundheitssystem soll für eine bestmögliche gesundheitliche Versorgung unserer Gesellschaft sorgen. Aber tatsächlich geht es in unserem Gesundheitssystem heute oft vorrangig um Sicherheit, sowohl in finanzieller als auch rechtlicher Hinsicht. Es kann nur der therapeutische Weg gegangen werden, der finanziert wird, doch das muss nicht immer die beste Therapie sein. Es hat was mit finanziellen Interessen zu tun und was das Kassensystem hergibt. Unsere Gesundheitseinrichtungen müssen sich selbst wirtschaftlich tragen, und an ihnen hängt die finanzielle Sicherheit vieler Arbeitskräfte, und darüber hinaus noch oft das finanzielle Wohl der Aktionäre. Die Gesundheitseinrichtungen stehen zudem gegenseitig in Konkurrenz um beschränkte finanzielle Mittel, und letztlich geraten damit Gesundheit und Geld in Konkurrenz. Einrichtungen, die im Konkurrenzkampf überleben wollen, müssen im Vergleich sowohl günstiger sein und gleichzeitig bessere Leistung bringen, und zudem noch Geld an die Aktionäre ausschütten können. Günstiger und gleichzeitig noch Geld abschöpfen – das funktioniert nur, wenn irgendwo gespart wird. Am Essen, an der Einrichtung, am Personal, an den Hilfsmitteln, oder an allem. Wie ist das möglich, ohne dass es auf Dauer zulasten der Patienten und/oder der Mitarbeiter geht? Verfechter dieses Systems werden antworten, dass es funktioniert und dass dieses System erfolgreich sei. Ich bin jedoch seit vielen Jahren in diesem System beruflich tätig. Und aus persönlicher Erfahrung weiß ich, dass viele Patienten und Mitarbeiter in den Krankenhäusern, Reha-Einrichtungen und Pflegeheimen dies völlig anders sehen. Das Geld steht über allem, sogar über der Menschlichkeit und der Würde des Menschen, was einem viele Ärzte und Pflegekräfte berichten können. Häufig können heute Pflegekräfte die ihnen anvertrauten Menschen nicht mehr so versorgen, wie es von der Menschlichkeit her geboten wäre, weil es der stramme Zeitplan nicht zulässt und es zu teuer wäre. Wenn sie es trotzdem tun, droht die Kündigung oder der absehbare Burn-out. Auch Ärzte dürfen sich heute oftmals nicht mehr für die nach ihrem individuellen Urteil bestmögliche Behandlung für den Patienten entscheiden. Einerseits muss sich ein Arzt an einheitliche Leitlinien halten, die zwar eine vermeintliche Sicherheit der bestmöglichen Behandlung bieten sollen, aber der Komplexität individueller Situationen oft nicht gerecht werden. Wenn sich der Arzt nicht an die vorgegebenen Behandlungsleitlinien hält, drohen ihm ernsthafte Konsequenzen, insbesondere wenn der Erfolg seiner Behandlung ausbleibt, was immer unsicher ist. Und andererseits steht auch noch die wirtschaftliche Sicherheit des „Gesundheitsunternehmens" im Hintergrund, und damit hat der Manager der Klinik das letzte Wort. Es gibt zahlreiche Berichte, die die Frage aufwerfen, ob jeder belastende Eingriff wirklich im Interesse des Patienten erfolgt oder eher der finanziellen Sicherung der Einrichtung dient. Meiner Meinung nach hat der Staat versagt, indem er das Gesundheitssystem dem privaten Markt überlassen hat.

Eines anderes zentrales Motiv in unserem Leben ist das Glück, oder besser, das glückende Leben. Wir wollen nicht nur ein sicheres Leben führen, sondern auch ein glückliches. Es scheint mir fraglich, ob ein Leben, das einem Mindestmaß an Sicherheit entbehrt, wirklich ein glückliches Leben sein kann. Umgekehrt frage ich mich, ob ein Leben in Sicherheit automatisch ein glückliches Leben ist, oder ob ein Übermaß an Sicherheit das Glück sogar behindern kann. Grundsätzlich gibt es verschiedene Wege zum Glück. Ich glaube, es gibt Wege, die mit Sicherheit und Kontrolle vereinbar sind, und andere Wege zum Glück, die weniger kompatibel sind. Allerdings glaube ich auch, dass sich die Qualität des Glücks abhängig vom gewählten Weg unterscheidet. Manche Wege führen nur zu schnellen, oberflächlichen Momenten des Glücks, während andere zu einem glückenden Leben führen, das tiefer reicht, aber länger braucht, um erreicht zu werden.

So gibt es ein Glück des „Habens", des materiellen Besitzes und Wohlstandes. Es gibt uns ein kurzes Gefühl von „Glück" sich einen Herzenswunsch zu erfüllen und sich etwas zu kaufen, das man begehrt, das einem Freude macht oder einen in seiner Schönheit anspricht. Besitz und Wohlstand sind Teil unseres Sicherheitsnetzes. Doch was man besitzt, möchte man in der Regel bewahren und schützen. Je mehr man besitzt, desto größer wird die Angst, etwas davon zu verlieren. So entsteht paradoxerweise Hand in Hand mit der zunehmenden Sicherheit ein neues Angstgefühl, das sich durch noch mehr materielle Sicherheit kurzfristig beruhigen lässt. Ein sich potenziell aufschaukelnder Prozess. Das, was eigentlich nur ein beruhigendes Sicherheitsnetz sein sollte, um sich mit anderen Dingen zu beschäftigen und sich am Leben freuen zu können, gerät in den Fokus des Lebens. Unser Besitz ergreift Besitz von uns, wie es Schopenhauer mit dem Bild des Salzwassers ausdrückt: Je mehr man davon trinkt, desto mehr benötigt man. Da die Güter begrenzt vorhanden sind, bedeutet mehr Wohlstand für den einen gleichzeitig weniger für den anderen. Der Modus des Habens führt zum Kampf um die beschränkten Güter, und damit zu Ungerechtigkeit und Leid.

Ein anderer Weg zum Glück ist das Glück durch äußeren „Schein". Ich bin kurzfristig glücklich, wenn ich in den Augen meiner Mitmenschen etwas Besonderes bin und besondere Wertschätzung erfahre. Sei es durch Erfolg, Ruhm, Schönheit, außergewöhnliche Leistungen oder besondere Intelligenz. Der Modus des Scheins führt zum Vergleich mit meinen Mitmenschen in einem Wettstreit des „Ich bin besser als Du". Es führt zur Fokussierung auf mich selbst, auf meine Besonderheiten, auf Trennung, nicht auf Verbundenheit. Meine Interpretation ist sicherlich etwas simplifizierend, aber ich habe den Eindruck, dass „Schein und Haben" wesentliche Quellen des Leidens in der Welt sind, von Armut, Ausbeutung, Krieg, chronischem Stress und Minderwertigkeitsgefühlen.

Diese beiden Wege zum Glück würde ich vergleichen mit dem Bauen auf Sand. Es kann vorübergehend funktionieren und tragen, aber nicht auf Dauer. Was ich gewonnen habe, kann ich verlieren, egal ob es Besitz ist, oder Schönheit und Ruhm. Dieses Glück wird ständig von der Vergänglichkeit bedroht. Es gibt einen dritten Weg zum Glück, der sich auf die Qualitäten des „Seins" konzentriert. Dieser Weg zielt eher auf das glückende Leben, und dabei geht es nicht um das, was ich haben und verlieren kann, sondern es geht um das, was ich als Person sein muss. Viktor Frankl (2) bringt dies treffend mit dem Gedanken zum Ausdruck, dass der Mensch das Wesen ist, das immer erst noch entscheidet, was es ist. Es geht um menschliche Qualitäten wie Liebe, Mitgefühl, Freundlichkeit, Mut, Würde, Achtung, Authentizität, Verbundenheit, Achtsamkeit, Hilfsbereitschaft, Anmut, Gelassenheit und vieles mehr. Glück entsteht, wenn ich liebevoll mit anderen verbunden bin oder den Augenblick achtsam wahrnehme. Das Leben kann trotz Schicksalsschlägen glücken, durch eine würdevolle Haltung, die dem Leid trotzt. Diese menschlichen Qualitäten sind nicht abhängig von Besitz und Status. Vielleicht sind diese sogar leichter zu verwirklichen, wenn man nicht so viel Besitz hat. Und möglicherweise wirken deshalb die Menschen in anderen Ländern, die in deutlich weniger Wohlstand leben, solange sie keine Not leiden, häufig so viel glücklicher als bei uns. Ich neige Schopenhauer zu, der überzeugt ist, dass nur der dritte Weg zu wahrem Glück führt.

Was hat das alles mit mir und meiner Krankheitserfahrung zu tun? Wenn ich auf die letzten 15 Jahre meines Lebens zurückblicke, dann erkenne ich eine zunehmende Sicherheitsorientierung. Als junger Erwachsener hatten materielle Dinge keine allzu große Bedeutung für mich. Noch mein ganzes Studium hindurch, bis ich 27 Jahre alt war, habe ich von knapp 900,- Euro im Monat gelebt. Für mich war wichtig, in einer netten WG zu wohnen, mich mit Freundinnen und Freunden zu treffen und gemeinsam etwas zu unternehmen, mich mit Psychologie und Philosophie beschäftigen zu können, einen PC mit Drucker zu haben, sowie Kletterschuhe und ein Fahrrad. Über meinen Vater war ich krankenversichert und hatte ansonsten weder eine Versicherung noch Rücklagen. Mein Sicherheitsnetz war zwar dünn, doch mein Leben war unbeschwert und glücklich. Nach dem Studium lernte ich Julia kennen und ich nahm meine erste Arbeitsstelle an; damit einherging ein Auto mit notwendiger Versicherung, zudem die ersten ergänzenden Versicherungen wie Haftpflicht und Unfallversicherung, später noch ein Riester. Dennoch war materielle Sicherheit zunächst weiterhin nachrangig; wir arbeiteten überwiegend in Teilzeit, die Bildung von Rücklagen war uns nicht wichtig. Wir lebten weitgehend unbeschwert in den Tag hinein; im Fokus standen weiterhin unsere Beziehung, Freunde, Unternehmungen und sportliche Aktivitäten. Mit der Geburt unserer Kinder begann es sich allmählich zu verändern. Nach und nach schlossen wir sinnvolle Zusatzversicherungen ab, wie Berufsunfähigkeitsversicherung, Unfallversicherungen für die Kinder, Krankenzusatzversicherungen und Altersvorsorge. Heute gebe ich monatlich mehr Geld für dieses Sicherheitsnetz aus, als ich im Studium insgesamt zum Leben brauchte. Dazu kamen mit den Kindern ein größerer Platzbedarf und der Wunsch nach der Sicherheit eines Eigenheims. Neben den Vorzügen und dem Luxus eines Eigenheims wurde das Leben jedoch enger, da ständige Verpflichtungen damit einhergingen. An eine Teilzeittätigkeit war nicht mehr zu denken. Um den Alltag mit drei Kindern und die berufliche Tätigkeit sowohl von Julia als auch mir in ländlicher Gegend organisiert zu bekommen benötigten wir nun zwei Autos. Unseren Kindern sollte es gut gehen und ihre Sicherheit lag mir am Herzen. Wir achteten daher auf gute, unbelastete Lebensmittel und gute Ausrüstung und so weiter. Innerhalb weniger Jahre waren wir in einen Kreislauf gekommen, der mich dazu brachte, dass meine Berufstätigkeit und finanzielle Sicherheit immer mehr in den Fokus rutschten. Bis zu dem Tag meiner Diagnose. Mein gefühltes Sicherheitsnetz war dahin.

Ich hatte zu Beginn des Buches das Bild des Weges benutzt, und von meinem Eindruck geschrieben, dass ich irgendwann auf Abwege geraten bin. Dass ich nicht mehr auf meinem persönlichen Lebensweg war, und in Begriff war, mein Lebensziel zu verfehlen. Mir wurde bewusst, dass ich über die Jahre zunehmend auf den Weg des Habens und der materiellen Sicherheit abgekommen bin. Den Weg der materiellen Sicherheit bin ich zwar bis zu meiner Diagnose erfolgreich gegangen, aber ich habe zunächst unbemerkt auch den Preis dafür bezahlt. Mein Leben wurde trotz zunehmenden Wohlstands dumpfer, schaler, enger – es ging mir seelisch nicht so gut damit. Meine Erkrankung hat mich nun wachgerüttelt, und mich mit der Frage konfrontiert, ob mein bisheriger Weg noch der richtige ist. Ich würde fast sagen, der drohende Tod hat mich von vermeintlichen Zwängen befreit und mir gezeigt, dass ich meinen Fokus nicht auf trügerische Sicherheit, sondern auf das Leben richten sollte. Er hat mein Bewusstsein dafür geschärft, wer ich wirklich bin und sein soll.

Ich glaube, es sind oft die Schicksalsschläge, die uns wachrütteln und uns bewusst machen, was uns im Leben wirklich wichtig ist. In meinem Fall war es so, und dieser Gedanke findet sich durchgehend in diesem Buch. Und er findet Unterstützung in der Forschung zu dem Phänomen der posttraumatischen Reifung. Seien es Krankheiten, Unfälle, Naturkatastrophen, Kriege, oder was auch immer. Letztlich geht es dabei immer um die Konfrontation mit unserem Tod und der Zerbrechlichkeit des Seins, und genau diese Konfrontation kann uns für die wesentlichen Fragen des Lebens sensibilisieren. Der Tod führt uns vor Augen, dass es letztlich sinnlos ist, nach materieller Sicherheit zu streben und immer mehr Wohlstand oder soziales Ansehen aufzubauen.

Mit meiner tödlichen Diagnose wurden Besitz und materielle Sicherheit weitgehend unwichtig. Es gab keine Sicherheit mehr für mich. Und ich wusste, ich kann nichts mitnehmen. Vor meinem geistigen Auge wurden schon all die Dinge, die mir lieb und teuer waren, entweder weitergegeben oder weggeschmissen. Das Haus, meine Autos, meine Bücher, mein Studienabschluss mit meinem Doktortitel – es hatte alles wenig Bedeutung. Der Tod, der vor meiner Tür stand und auf mich wartete, machte mir klar, dass all dies weder von Dauer noch von Bedeutung ist.

Diese Erfahrung kommt auch treffend in einem Zitat zum Ausdruck, das Steve Jobs zugesprochen wird, dem Milliardär und Mitbegründer von Apple, die er angeblich kurz vor seinem Tod durch Krebs gesprochen haben soll. Offiziell gibt es Zweifel an der Echtheit des Zitats. Meiner Meinung nach ist es jedoch zweitrangig, ob es nun wirklich Worte von Steve Jobs sind oder nicht. Wenn eine Wahrheit in diesen Worten liegt, dann ist diese unabhängig von dem Urheber. Demnach sagte Steve Jobs:

Ich habe den Gipfel des Erfolgs in der Geschäftswelt erreicht. In den Augen der anderen ist mein Leben ein Erfolg. Abgesehen von der Arbeit habe ich jedoch wenig Freude gehabt. Letztendlich ist der Reichtum einfach eine Tatsache, an die ich mich gewöhnt habe. In diesem Moment, wenn ich auf meinem Krankenbett liege und mich an mein ganzes Le-

ben erinnere, erkenne ich, dass all die Anerkennung und der Reichtum, auf die ich so stolz war, verblasst und angesichts des bevorstehenden Todes unbedeutend geworden sind. Sie können jemanden anstellen, der Ihr Auto fährt oder Geld für Sie verdient, aber es ist unmöglich, jemanden anzustellen, der für Sie Krankheit erträgt und stirbt. Verlorene materielle Dinge können wiederhergestellt werden. Aber es gibt eine Sache, die niemals gefunden werden kann, wenn sie verloren ist – das Leben. Egal, in welchem Lebensabschnitt wir uns jetzt befinden, irgendwann kommt der Tag, an dem sich der Vorhang schließt. Lieben Sie Ihre Familie, Ihren Ehepartner und Ihre Freunde. Behandeln Sie sie gut. Schätzen Sie sie. Wenn wir älter und weiser werden, erkennen wir langsam, dass das Tragen einer 300-Dollar-Uhr oder einer 30-Dollar-Uhr keinen Unterschied machen – denn beide zeigen die gleiche Zeit an. Ob wir eine 300-Dollar-Brieftasche oder eine 30-Dollar-Geldbörse haben – der Betrag darin liegt in beiden gleich. Ob wir ein 150.000-Dollar-Auto oder ein 30.000-Dollar-Auto fahren – der Weg und die Entfernung sind gleich, und wir kommen am gleichen Ziel an. Ob wir eine 1000-Dollar-Flasche Wein oder eine 10-Dollar-Flasche Wein trinken, der Kater ist derselbe. Ob das Haus, in dem wir leben, 300 oder 3000 Quadratmeter groß ist – die Einsamkeit ist dieselbe. Sie werden erkennen, dass Ihr wahres inneres Glück nicht von den materiellen Dingen dieser Welt kommt. Egal, ob Sie in der ersten Klasse oder in der Economy Class reisen, wenn das Flugzeug kaputt geht, stürzen Sie mit ihm ab. Deshalb … Ich hoffe, Sie merken, wenn Sie Freunde haben, Kumpels und alte Freunde, Brüder und Schwestern, mit denen Sie diskutieren, lachen, reden, singen, über Nord-Süd-Ost oder

Himmel und Erde reden, ... dass dies wahres Glück ist! Und noch eine unbestreitbare Tatsache des Lebens: Erziehen Sie Ihre Kinder nicht dazu, reich zu werden. Erziehen Sie sie zum Glücklichsein. Wenn sie aufwachsen, werden sie somit den Wert der Dinge kennen und nicht den Preis.

Die Essenz dieser Erfahrung lässt sich so zusammenfassen: Reichtum und soziales Ansehen verlieren angesichts des Todes ihre Bedeutung. Was letztlich zählt, ist Liebe, Verbundenheit mit Familie und Freunden, Lebensfreude im Moment des Augenblicks. Steve Jobs erlebte abgesehen von seiner Arbeit wenig Freude, und auch wenn er es nicht direkt sagt, scheint mir ein Bedauern durch, welche Prioritäten er gesetzt hat.

Steve Jobs gelangte zu dieser Erkenntnis in dem Bewusstsein um seinen kurz bevorstehenden Tod. Paradoxerweise bietet der Tod einen Zugang zu einem erfüllten Leben, solange es noch nicht zu spät ist, zu leben. Erst durch den Tod schätze ich das Leben und seine Möglichkeiten. Oder wie es Yalom (14) ausdrückt: „Der Weg, das Leben zu schätzen, der Weg, Mitgefühl für andere zu empfinden, der Weg, am tiefsten zu lieben, ist der Weg der Bewusstheit dessen, dass diese Erfahrungen dazu bestimmt sind, verloren zu gehen." Der Augenblick gewinnt erst durch die Vergänglichkeit seine wahre Bedeutung. Durch das Bewusstsein, dass die vollkommene Blüte in Kürze verblüht sein wird, bin ich mir der Kostbarkeit des kurzen Augenblicks gewahr. Ohne die Endlichkeit droht das Leben an Lebendigkeit zu verlieren und dumpf zu werden. In den Mythen erscheinen die unsterblichen Götter oft als gelangweilt.

Durch die Auseinandersetzung mit meinem eigenen Tod und der Endlichkeit des Seins entwickelte sich in mir ein tieferes Gefühl von Verbundenheit und Mitgefühl für alle Menschen. Ich war betroffen und erschüttert bei dem Gedanken, dass ich bald nicht mehr da sein könnte, und die Welt einfach ohne mich weitergeht. Und mir wurde bewusst, dass es den anderen Menschen um mich herum genauso ergehen musste. Jeder kämpft irgendwann mit dieser Erfahrung, solang man vom Tod nicht von einem Moment auf den anderen überrascht wird. Der Tod führt uns vor Augen, dass wir letztlich alle gleich sind. Er kennt keinen Rang und Namen, wir stehen nackt vor ihm. Vor ihm sind wir einfach nur Brüder und Schwestern. Ich erkannte die Wahrheit des buddhistischen „Tat Tvam Asi" („Das bist Du"), in dem es darum geht, sich im anderen zu erkennen und sich der tiefen Verbundenheit mit allem Sein bewusst zu sein. Sogyal Rinpoche (15) schreibt dazu in dem *Tibetischen Buch vom Leben und vom Sterben*: „Wenn wir aber schließlich zu der Gewissheit kommen, dass wir sterben müssen und alle anderen fühlenden Wesen ebenso, entsteht in uns ein glühendes, fast herzzerreißendes Gefühl für die Zerbrechlichkeit und Kostbarkeit jedes Augenblicks und jedes Lebewesens, und daraus kann sich ein tiefes, klares, grenzenloses Mitgefühl für alle Lebewesen entwickeln."

Ich stelle mir vor, wie eine Gesellschaft aussehen könnte, die von einem solchen Bewusstsein und Mitgefühl geprägt ist. Ich glaube, es gäbe mehr Verbundenheit, Demut, Toleranz, Freude und Glück. Es würde einer solchen Gesellschaft weniger um Wirtschaftswachstum und Mehrung des Wohlstandes gehen, sondern mehr darum, dass alle Menschen, alle Tiere und Pflanzen weniger leiden müssen und ein gesundes, würdevolles Leben führen können. Sie würde sicherlich dafür sorgen, dass es weniger krank machende Faktoren in unserem Leben gibt, wie Giftbelastungen, Strahlenbelastungen, ungesunde Ernährungsgewohnheiten und Stressbelastungen in Beruf und Familie. Eine solche mitfühlende Gesellschaft wäre stärker auf Gerechtigkeit bedacht und würde weder Menschen noch die Natur ausbeuten. Sie würde den Auswüchsen des Kapitalismus entgegenwirken. Ich wäre gerne Teil einer solchen Gesellschaft, und wäre stolz darauf. Eine solche Gesellschaft kann aber nicht von oben herab vorgegeben werden, sondern sie muss von unten her entstehen. Sie beginnt mit der Herzensbildung eines jeden Einzelnen.

In meiner Ausbildung zum Psychologen habe ich gelernt, dass eine meiner beruflichen Aufgaben darin besteht, den Menschen dabei zu helfen, ihre Ängste zu überwinden und ein möglichst angstfreies Leben führen zu können. Ich habe aufgrund der beschriebenen Gedankengänge eine andere Haltung dazu. Natürlich ist es eine wichtige Aufgabe, irrationale Ängste zu bewältigen, um ein erfülltes Leben führen zu können. Die Frage ist, ob Angstfreiheit zu einem erfüllten Leben führt. Ich denke, es ist wichtig, die Menschen für existenzielle Themen wie Vergänglichkeit und Tod zu sensibilisieren und so die Todesangst ins Bewusstsein zu rufen. Worauf es ankommt, ist, den Tod und die Angst vor ihm in das eigene Leben zu integrieren. Wer sich selbst und den wichtigen Fragen des Lebens nicht ausweichen will, muss sich der Angst vor dem Tod stellen und sie lebendig halten. Solange der Tod und die mit ihm verbundene Angst in meinem Denken lebendig ist, prüfe ich jeden Tag, ob ich richtig lebe. In den Worten Kierkegaards (16), des großen dänischen Existenzphilosophen: „Dies ist ein Abenteuer, das jeder Mensch zu bestehen hat: Sich ängstigen lernen, damit man nicht verloren ist."

Ein wahrhaft glückliches, erfülltes Leben muss die Angst integrieren und darf sie nicht verdrängen. Es besteht eine wechselseitige Abhängigkeit zwischen dem Mut zum Leben und dem Mut zum Tod. Es braucht den Mut, den Tod als Teil des eigenen Lebens zu bejahen, um ein Leben in Freiheit führen zu können. Ein freies Leben bedeutet nicht zwangsläufig, Sicherheit gering zu schätzen oder sie vollständig aufzugeben. Aber ein Leben in Freiheit setzt voraus, sich den Werten bewusst zu sein, die wichtiger sind als das blanke Leben in Sicherheit und Bequemlichkeit. Letztlich ist es der Glaube an diese Werte und die Liebe zu ihnen, die uns ermöglichen, dem Tod mutig ins Angesicht zu sehen und ihn anzunehmen. Und dieser Glaube macht uns frei.

In diesem Sinne kam meine Diagnose zur rechten Zeit. Die Drohung des Todes hat mich in gewisser Weise gerettet, denn ich hatte noch Zeit, mein Leben zu überdenken und neue Wege einzuschlagen. Yalom (14) bringt diesen Gedanken treffend auf den Punkt: „Obwohl uns die Physikalität des Todes zerstört, kann uns die Idee des Todes retten."

Ich hoffe, dass die Idee des Todes mehr Eingang in das Bewusstsein unserer Gesellschaft findet und die Menschen sich von ihr ergreifen und verwandeln lassen. Denn was angesichts des Todes Bestand hat, ist das wirklich Wichtige im Leben, das Erfüllung und Glück bringt.

Dank

Es gibt viele Menschen, denen ich zutiefst dankbar bin. Leider kann ich nicht alle namentlich erwähnen, aber ich hoffe, dass sie sich angesprochen fühlen und wissen, wie sehr sie mir am Herzen liegen. An dieser Stelle möchte ich jedoch meinen aufrichtigen Dank an all jene richten, die mich unmittelbar auf meinem Weg begleiten.

Allen voran gilt mein Dank meiner treuen Partnerin Julia, für ihre tiefe Liebe und ihr unerschütterliches Vertrauen in mich. Sie ließ mir stets die Freiheit, meine eigenen Entscheidungen zu treffen, und nie hatte ich Zweifel, dass sie an meiner Seite steht – egal, wohin unser Weg führt. Sie ist für mich das größte Geschenk auf dieser Welt. Meinen Kindern danke ich für ihre unbeschwerte Lebendigkeit, ihr Lachen und ihre Liebe. Sie erinnern mich immer wieder daran, was wirklich zählt.

Meiner Mutter danke ich für ihre liebevolle Fürsorge und ihren unerschütterlichen Glauben an meinen Weg. Ihr lebendiges Vorbild und ihre positive Sichtweise haben mir geholfen, viele Zweifel zu überwinden. Meinem Vater danke ich für seine fürsorgliche Unterstützung, und meiner Schwester Martina für ihre liebevolle Zuwendung sowie die Gewissheit, auf ihre Unterstützung zählen zu können. Meiner Schwiegermutter gilt mein großer Dank für ihre tatkräftige Hilfe und das materielle Sicherheitsnetz, das sie uns bietet.

Mein Dank gilt auch meinem guten Freund Christian für seine verlässliche Präsenz und die tiefe Vertrautheit, die uns als lebenslange Weggefährten verbindet. Ich danke Timea, Klaus, Robert und Luna für ihre Unterstützung und die Durchsicht meines Manuskripts. Ihre wertvollen Rückmeldungen haben mir geholfen, meine Gedanken präziser zu formulieren und mich ermutigt, dieses Buch zu Ende zu bringen.

Meiner Heilpraktikerin Dagmar danke ich für ihre fürsorgliche Begleitung durch unzählige Stunden der Infusionstherapie, für ihre inspirierenden Gedankenanstöße und ihren stets positiven, humorvollen Blick auf die Dinge. Die Zeit bei ihr war immer leicht.

Mein besonderer Dank geht an Karl und Fee für ihr großes Engagement, das es so vielen Menschen ermöglicht, eine wirksame Fiebertherapie zu nutzen. Danke auch an Georg für seine Expertise und Unterstützung bei der Reduktion der Belastungen in unserem Haus.

Und ich danke Ludwig für seine Wärme und Menschlichkeit sowie die Sicherheit seiner Unterstützung.

Literaturverzeichnis

1. Lackner R. *Zähne und Spagyrik: Ganzheitliche Zahnbetrachtung und spagyrische Therapie.* Kulmbach: ML Verlag; 2020.
2. Frankl VE. *Der leidende Mensch: Anthropologische Grundlagen der Psychotherapie.* Bern: Hogrefe; 2018.
3. Lionni L. *Frederick.* Weinheim, Basel: Beltz & Gelberg; 2009.
4. Hillesum E. *Das denkende Herz der Baracke: Die Tagebücher 1941-1943.* Freiburg, Basel, Wien: Herder; 2022.
5. Yalom ID. *Existenzielle Psychotherapie.* Köln: EHP; 2010.
6. Schipperges H. *Lebensqualität im Kranksein.* In: Seifert G, Hrsg. Lebensqualität in unserer Zeit. Modebegriff oder neues Denken? Göttingen: Vandenhoeck & Ruprecht; 1992. S. 111–122.

7. Levine S. *Sein lassen: Heilung im Leben und im Sterben.* Bielefeld: Kamphausen Media GmbH; 2018.
8. Hartl J. *Eden Culture: Ökologie des Herzens für ein neues Morgen.* Freiburg: Verlag Herder; 2021.
9. Tillich P. *Der Mut zum Sein.* Hamburg: Furche; 1965.
10. Frank A. *Mit dem Willen des Körpers: Krankheit als existenzielle Erfahrung.* Hamburg: Hoffmann und Campe; 1991.
11. Dossey L. *Heilende Worte: Die Kraft der Gebete als Schlüssel zur Heilung.* Amerang: Crotona; 2013.
12. Schüssler W, Reimer AJ, Chun YH. *Das Gebet als Grundakt des Glaubens: Philosophisch-theologische Überlegungen zum Gebetsverständnis Paul Tillichs.* Münster: Lit; 2004. (Tillich-Studien. BeihefteBd. 2).
13. Shin N. *Diary of a Zen nun.* 1st ed. New York: E. P. Dutton; Dutton; 1986.
14. Yalom ID. *In die Sonne schauen: Wie man die Angst vor dem Tod überwindet.* München: btb; 2010.
15. Rinpoche S. *Das tibetische Buch vom Leben und vom Sterben: Ein Schlüssel zum tieferen Verständnis von Leben und Tod.* München: Knaur; 2010.
16. Kierkegaard S. *Der Begriff Angst.* Hamburg: EVA; 2002.